EUGÈNE ROSTAND

LETTRES

À UN NEUTRE

LES ÉLECTIONS DE 1877

MARSEILLE

CAMOIN, LIBRAIRE-ÉDITEUR

1, rue Cannebière

—

1877

EUGÈNE ROSTAND

LETTRES

D'UN NEUTRE

LES ÉLECTIONS DE 1877

MARSEILLE

CAMOIN, LIBRAIRE-ÉDITEUR

1, rue Cannebière

1877

IMPRIMERIE DU JOURNAL DE MARSEILLE (EX-J. BARILE)

Ces Lettres *ont paru dans le* Journal de Marseille. *Publiées au jour le jour, il convient de leur laisser cet aspect successif, et par là vivant. Je souhaite qu'on y rencontre le moins possible les défauts inévitables dans les écrits de la presse quotidienne. Quelques entretiens avec un ami dépourvu de préférences politiques me donnèrent l'idée d'exposer à cette sorte d'esprits, de plus en plus nombreux parmi nous, les raisons d'agir des conservateurs dans la crise actuelle. Je le fis sous la forme familière et vive qui depuis les* Provinciales *a servi à tant de polémistes, en m'imposant cette condition de n'avancer jamais d'un pas qu'appuyé sur des déductions rigoureuses, des faits, des documents, en un mot des preuves.*

Je n'ai pas cru devoir faire disparaître de ces pages, après la mort de M. Thiers, les points qui le concernaient, et notamment la Lettre VI : je n'y avais rien dit qui ne fût conforme à la vérité historique, et exprimé modérément ; d'ailleurs, le souvenir de M. Thiers est invoqué par un groupe d'acteurs de l'action électorale, et le tableau serait incomplet s'il n'y gardait sa place.

Que cette œuvre modeste soit une preuve du désintéressement patriotique des partis conservateurs. Peut-être est-il équitable de reconnaître ce caractère à l'effort fait en ce moment par ceux qui n'ont pas foi en la forme républicaine pour la France, puisque cet effort, en cas de succès, peut contribuer à assurer un peu plus de durée à l'état intérimaire qui emprunte le nom de répu-blique. Je ne me fais, quant à moi, aucune *illusion de dupe sur ce résultat ; je crois seulement que les conservateurs, dans les conditions présentes, ont à remplir leur devoir de bons citoyens sans songer à leurs préférences. Et j'espère que le lecteur, convaincu ou non, se dira, en fermant ce volume, le mot de Montaigne : « ceci est un livre de bonne foy. »*

Marseille, le 20 Septembre 1877.

LETTRES

A UN NEUTRE

I.

LE POINT DE DÉPART PRÉCISÉ.

Je vous sais neutre, mon cher ami, mais
non indifférent. Vous êtes, comme beaucoup de Français, ennuyé et étourdi du
bruit que font dans notre vie les politi-
ciens ; vous pensez qu'en un pays bien
portant le paysan laboure et vend ses
denrées, l'ouvrier travaille, le commer-
çant échange, l'industriel produit, l'artiste
crée, dans la confiance du lendemain, et
que la politique, menée par une élite de
capables et d'honnêtes, consiste simplement à assurer à tout cela la liberté dans
la sécurité. En quoi vous avez mille fois
raison, il en va ainsi partout ; nous seuls,
grâce à l'intoxication républicaine, avons
laissé altérer profondément cet *ordre*,
source de la paix, et mis dessus ce qui
ailleurs est dessous. Mais si vous n'avez
pas d'opinion préconçue, vous avez du bon
sens et de la bonne foi. On peut donc cau-
ser avec vous. Avec ceux dont on partage
absolument les façons de penser, ce n'est

point utile. Avec ces enragés qu'on rencontre un peu partout aujourd'hui, qui, mus invariablement par quelque secret mobile, convoitise, rancune, ou peur, nient le soleil en plein midi, c'est du temps perdu : il faut leur répondre, comme M. Brunet à ceux du Sénat, par un sourire, et passer. Parler avec un esprit libre et loyal, c'est tout profit.

Nous voilà enfin hors de cette période expectante, pendant laquelle M. Gambetta et ses associés, sous l'impunité parlementaire, ont tout mis en œuvre pour troubler la cervelle du plus grand nombre de gens possible. Le Sénat a fait ce que les conservateurs devraient toujours faire : il a laissé parler les républicains, le solennel et l'onctueux, le rouge et le rose, M. Bérenger le persuasif et M. Hugo l'apocalytique, dont le plus puissant des démocrates, Proudhon, a dit un jour : « Le dernier batelier du Rhône rend plus » de services à l'humanité que Victor » Hugo avec ses phrases. » Il les a tous laissé ratiociner ou vaticiner, et il n'en a fait ni plus ni moins. Depuis un mois M. de Girardin, M. John Lemoinne, M. Challemel prenaient des airs profonds pour affirmer que la dissolution ne serait jamais votée : elle l'a été, et à 20 voix de majorité, — 19 de plus que la République. C'est d'un bon augure pour les autres prophéties de ces perspicaces, si sûrs de leur fait, à commencer par la réélection des 363. Une fieffée maladresse de

M. Gambetta, que d'engager l'effet de sa partie sur un pari pour ces 363-là, pas un de moins !

Nous entrons donc dans la phase militante, la *veillée des armes*, avant cette grande lutte électorale où l'enjeu sera gros, pour nous et pour nos enfants. On pourra l'appeler vraiment d'un mot de la science nouvelle, *struggle for life*, le *combat pour l'existence*. Si nous ne mettons pas cette fois le diable hors d'état de nous nuire, il ne nous cache guère dès maintenant que nous serons bien près d'être étranglés par lui. Réfléchissons-y, nous avons le temps, et préparons-nous. Le succès, il est certain, mais à la condition *sine quâ non* de le vouloir. Nos adversaires ne sont à craindre que lorsque ils ont en mains le pouvoir, la majorité parlementaire, les moyens réguliers de nous tailler cette *légalité rouge* dont ils nous menacent, et à quoi le Maréchal vient de nous arracher : eh ! bien, ne leur laissons rien reprendre de cela, jurons-le du serment d'Annibal, et agissons en conséquence. Nous sommes,—et quand on parcourt la France, on s'assure que partout il en est de même, — nous sommes tout ce qui travaille, tout ce qui possède, tout ce qui produit, tout ce qui épargne, tout ce qui est intéressé à l'ordre, et comme le droit, le nombre est pour nous. Nous mériterions dix fois le sort dont ces excellents radicaux nous font luire les perspectives, si avec cela, nous ne savions pas avoir et garder la force.

Les causes et les opportunités de l'initiative du 16 Mai, tous ceux qui n'ont pas
intérêt à les ignorer les connaissent.
Nul ne les a exposées avec plus d'élévation
tion et d'éclat que le duc de Broglie dans
son discours au Sénat, aussi profond et
vigoureux en certaines parties (lisez-le à
l'*Officiel*) que ce qui a été rabâché du côté des Gauches était vain et faux, —
vieux habits, vieux galons, eût dit Thomas
Vireloque. Au moins le Maréchal est en-
touré maintenant d'hommes de cœur et
d'honneur, conséquents avec les convictions de toute leur vie. Quand M. Simon,
ce Gorgias de notre temps, l'homme des
antinomies et des palinodies s'il en fut
jamais, a essayé de mettre l'un des membres du cabinet en contradiction avec
quelques mots d'un discours passé, M.
de Meaux lui eût trop aisément répondu
que l'explication du 16 Mai, il la donnait
d'avance en septembre 1875, ministre de
l'agriculture, à Montbrison :

« Si la France répare ses forces, on le doit
» à la virilité de ses populations rurales.
» Mais on le doit aussi au chef du gouverne-
» ment, au Président de la République, que
» saluaient tout à l'heure vos acclamations,
» et dont le nom seul résume, avec un pur
» et irréprochable éclat, à la fois nos gloires
» et nos malheurs; *on le lui doit parce que per-*
» *sonne en France, en Europe, dans le monde en-*
» *tier, ne peut le croire capable de s'écarter ja-*
» *mais des voies de la politique conservatrice, à*

» *travers toutes les vicissitudes, soldat et gardien*
» *de la loi.* »

Entre ces inspirations conservatrices et
sociales, personnifiées dans le Maréchal, et
les tendances du radicalisme effronté ou
honteux, mais non sur un terrain politique, le 16 Mai a placé le débat. Chose bizarre, dans la première partie, toute parlementaire, de ce débat, les monarchistes, les
seuls hommes de gouvernement en ce
pays de France, ont défendu la Constitution du 25 février 1875 contre les 363 députés républicains, qui s'intitulaient « la
nation, la majorité, » et revendiquaient
l'intégralité du pouvoir, — oubliant le Sénat, cet autre élément de la majorité parlementaire et de la représentation nationale, — oubliant le Président, ce pouvoir
public indépendant, qui n'entend point se
laisser réduire au rôle du « cochon à l'en-
grais » de Sieyès. Quand donc cette situation s'est-elle présentée dans notre
histoire contemporaine à l'actif et à l'honneur des républicains, — les voir rétablir
dans sa vérité une constitution monarchique contre les attaques de ses partisans
même ?

Mais dès maintenant, au surplus, il est
devenu inutile de discuter davantage sur
l'acte du 16 mai, virilement accompli par
le Maréchal dans la plénitude de ses attri-
butions légales, sous sa responsabilité re-
vendiquée devant la France. La question
n'est plus là, cela est déjà loin de nous.

Cette Chambre, qui n'a rien fait, — les républicains commencent à le lui reprocher, — elle est morte. Nous sommes hors de ce cercle, l'horizon s'est élargi. Nous avons à présent à prendre attitude dans la lutte qui va se préparer, à voir ce qu'est la coalition républicaine et ce que doit être l'union conservatrice, à peser les titres des deux théories et des deux pratiques gouvernementales en présence, à examiner les conséquences de notre choix, en appelant les choses par leur nom, en regardant les hommes en face. Ainsi seulement pourrons-nous obtenir le résultat légitime — et nécessaire, ne l'oublions pas, — de la résolution courageuse du Maréchal et de ses ministres. Cette enquête-là, faisons-la ensemble, mon cher ami, non avec des mots, mais avec des faits.

II.

UNION CONTRE COALITION.

Oui, je le sais, mon ami, les vaincus du 16 Mai, qui s'avouent les adversaires du Maréchal, voudraient s'opposer comme un grand parti un et compact aux conservateurs, qu'ils disent divisés. C'est leur cheval de bataille, comme M. Thiers leur cheval de renfort. Ils ont ressassé cela sur

toutes les notes de la gamme, depuis celle
de M. Léon Renault, qui tombe mal, —
comme tombe un jour ou l'autre, l'avez-
vous remarqué ? chaque haïsseur iniqué
des impérialistes, — jusqu'à celle de M.
Hugo ou de M. Louis Blanc. Du Parlement ils vont le porter sur l'arène électorale, pour tâcher de troubler le bon sens
populaire. « Légitimistes, impérialistes,
» orléanistes, trois groupes désunis dans
» la lutte, et dont la victoire serait le si-
» gnal d'un combat nouveau, — en face
» d'eux les républicains ! » Voilà leur
thèse. Elle mériterait de vous faire hésiter, si elle était juste. Mais elle est fausse,
et doublement, et c'est le contraire même
qui est le vrai

Il est faux d'abord que les conservateurs monarchistes doivent seuls défendre
le Maréchal devant le suffrage universel.
Que les conservateurs en ce pays soient
en très grande majorité des monarchistes,
ne le nions point, c'est notre honneur ; et
c'est bien pourquoi la République n'y vit
jamais qu'administrée par des monarchistes, d'où cette question : pour qui diable
fait-on de la République en France ? Cela
tient à mille causes, à nos traditions histo-
riques, au caractère national, à la conviction des bons citoyens, assise sur des expériences répétées, que la forme républicaine parmi nous est suivant la parole de
M. Guizot le « gouvernement des grandes espérances et des grands mécomp-
tes », qu'elle n'est propice ni à la liberté

toujours menacée par la licence ni à l'ordre toujours précaire, que le renouvellement périodique du pouvoir suprême ouvert à toutes les ambitions est inconciliable avec nos passions et notre tempérament, que le nom même de République entretient des utopies sociales indéfinies et rend l'antagonisme des classes plus aigu... Mais il y a pourtant des hommes d'ordre parmi les républicains,—les rares croyants, les seuls sincères, d'une République sage, libérale, modérée, énergique, — et ceux-là, dans la lutte qui va s'engager, seront avec le Maréchal, président investi jusqu'en 1880 de la seule République qu'on puisse tenter de faire durer un temps, la République habitable.

Quant aux conservateurs monarchistes, est-il exact qu'ils défèrent au suffrage universel des prétentions contradictoires? Pas le moins du monde. Leur *platform* sera commune. Sur le terrain politique, la Constitution, mais la Constitution intégrale, c'est-à-dire révisable, avec l'article 8, qu'il est triste de voir des républicains qui s'affirment loyaux s'évertuer à fausser ou à escamoter. Sur le terrain religieux, le respect de la liberté de conscience, même pour le culte professé par l'immense majorité des Français. Sur le terrain économique et financier, les réformes pratiques conciliables avec la sauvegarde des droits et des intérêts légitimes, réformes dont la majorité républicaine de 1876 n'a pas réalisé une seule. Sur le ter-

rain social, la liberté sous la loi, l'ordre
quand même, l'ordre sans lâches transac-
tions, sans compromissions imbéciles. Sur
tout cela, vous ne trouverez ni aujour-
d'hui, ni jamais, les conservateurs divisés. Et c'est ce dont il s'agit à leurs yeux,
avant tout, à l'heure présente. Ils ont assez de patriotisme pour ne faire passer
qu'après cela leurs préférences sur des
mécanismes de gouvernement, assez de
confiance dans le pays pour lui laisser le
soin de décider quand il le jugera à propos
entre la forme monarchique et la républicaine, et s'il choisit la monarchique, entre les races souveraines qui ont succes-
sivement travaillé à la grandeur, à la
gloire, à la prospérité de la patrie.

Oui, les conservateurs se présentent
absolument unis devant la nation, unis de
cette union qui est la communauté des
grandes croyances morales et sociales.
Leurs ennemis le savent bien, c'est de
quoi ils enragent, et leurs négations ne
doivent servir qu'à resserrer le faisceau.
Mais il y a plus. Ces systématiques de la
poutre et de la paille ne parlent des dis-
sentiments des conservateurs que par un
de ces excès d'impudence qui constituent
toute la tactique gambettiste, mais qui
dupent les seuls niais. Car rien n'est plus
divisé, plus confus, plus chaotique et Ba-
bélique, que leur propre camp.

Tot homines, tot respublicæ : voilà la formule de l'unité du grand parti républicain
en France. La multiplicité et la variété de

ce qu'embrasse ce trompe-l'œil, *République*, sont illimitées. La république de
Vergniaud ne ressemble pas plus à celle
de Robespierre ou à celle de Barras, que
la république de Lamartine à celle du
drapeau rouge, celle de Cavaignac à celle
des barricadiers de Juin, celle de Raoul
Rigault à celle de M. Dufaure, celle de
M. Louis Blanc à celle de M. Raspail, celle
de M. Gambetta à celle de M. Naquet.
Omettons celle de M. Thiers, car l'homme
qui a buriné le célèbre dilemme *ou dans
l'imbécillité ou dans le sang*, ne soutient
d'autre république que la république où
M. Thiers est Président.

Parcourez, mon ami, vous qui êtes un
esprit sincère, les rangs de cette armée
qui se dit compacte. Allez de M. Laboulaye ou de M. Bérenger, ces raffinés indécis, pour qui l'institution républicaine est
une Salente peuplée de mille théories
platoniques et vagues, jusqu'aux Nihilistes commandés par le marquis de Rochefort, le promoteur du décret : *Article unique : Il n'y a plus rien*, — jusqu'à ceux
qui ne veulent ni pouvoir exécutif, ni
Constitution, ni armée, ni magistrature,
ni code, ni hérédité, ni religion, ni ma-
riage... Et dites-moi si cette étiquette
uniforme, *République*, a un sens pour qui
ne se laisse pas piper aux mots, si ce sont
de simples divergences d'application ou
de pures nuances de détail qui séparent
tous ces gens-là. Dites-moi ce qu'il y a
de commun entre le républicain action-

naire enrichi des mines d'Anzin, et le républicain de la *Marseillaise* qui disait naguère :

Il existe en France une bande de gens bien mis, à ventre redondant, à chaîne de montre lourde et brillante, emmitouflés de bon drap en hiver, traînant en voiture leur obésité paresseuse... Devant ceux-là, on s'incline quand ils passent, et jamais le chapeau n'est assez bas...Ceux-ci cachent,dans un secrétaire à triple serrure, des papiers de toutes formes et de toutes couleurs,qui s'intitulent actions de ceci, actions de cela. *Ah ! les misérables !... Ah ! les gredins !... Boursicotiers infâmes, élite des conservateurs, Judas qui vendriez la France pour cent sous,* IL NE VIENDRA DONC PAS UN JOUR OÙ ON VOUS ENFERMERA DANS VOTRE BOURSE ET OÙ ON VOUS Y ENFUMERA COMME ON FAIT DES SCORPIONS ET DES VIPÈRES !...

Dites-moi comment peuvent marcher la main dans la main M. Labadié le millionnaire,et son collègue Greppo, qui traduisit un jour le *tot capita tot sensus* : «autant de capitalistes, autant de sangsues.» Dites-moi en quoi peuvent être unis le républicain catholique et le républicain Grapeloup, mécontent du 16 Mai, lui aussi, condamné la semaine dernière pour avoir donné du cri de M. Gambetta : *le cléricalisme, voilà l'ennemi !* cette glose : « la France parlera bientôt, elle » coupera la tête à Mac-Mahon et à tous » les mangeurs de bon Dieu. »

Ah ! les voilà, ceux qui se frapperaient
demain les uns les autres, jusqu'à l'heure —bientôt venue d'ailleurs—où les plus
conséquents dévoreraient les illogiques.
Et sans aller jusqu'où l'inéluctable loi des
choses pousserait la France, les voilà les
hétérogènes, les divisés, qui ne pourraient
s'entendre, le duc de Broglie l'a dit avec
un grand sens pratique, « ni sur un bud-
» get à établir, ni sur un article de loi
» quelconque à voter. » Contre cette coalition « sans but, sans principe, sans foi
» commune » celle-là vraiment , dites-
moi, mon ami, si vous ne préférez pas l'u-
nion loyale et patriotique des bons citoyens ?

III.

LES MAITRES DE LA COALITION.

Mais cette ligue hétérogène des 363,—
qui ne sont plus que 361, deux sont partis
écœurés, déjà ! — si véritablement divi-
sée, elle , et si profondément, — où l'accord sur trois voyelles et cinq consonnes,
République, n'empêche pas la confusion des
langues, — où l'instinct révolutionnaire et
les convoitises individuelles créent seuls
une discipline d'artifice et de surface entre des éléments ennemis, — il n'est que
juste de lui reconnaître un lien. Ses maî-

tres sont marqués d'avance , quoi qu'elle
veuille, qu'elle fasse, qu'elle dise : les Radicaux. Oh ! assurément, mon cher ami ,
vous voyez à ce mot autour de vous se récrier ou hausser les épaules beaucoup de
ceux qui se sont engagés dans cette mauvaise affaire, MM. Jérôme Paturot fils ,
Thiéristes, et tous les succédanés d'ambition de M. Léon Renault. Je dis beaucoup,
non la plupart, car cette étiquette de radical, moins effarouchante et plus vague que
les adjectifs démodés de jacobin ou de so-
cialiste, plus d'un l'accepte ou la réclame
parmi les républicains à manchettes ; M.
Jules Simon en a intitulé un de ses livres,
tandis que les Bérenger ou les Laboulaye
demandent ce que c'est d'un front ingénu.
Rien de tout cela n'empêche que le radicalisme n'existe, et il n'en est pas moins
dès maintenant le dominateur de la cohue
incohérente qui s'avance contre le Maréchal , ses ministres , et nous. Ne m'en
croyez pas sur parole, regardez aux faits.

Ce n'est pas seulement par cette raison, prise dans la nature même des choses humaines, qu'entre incertains et conséquents le triomphe des seconds fut et
sera toujours une loi. C'est aussi, et d'une
façon plus particulière, parce qu'en France des évolutions politiques répétées ont
mis hors de doute pour le bon sens, que
les républicains qui entendent par république une forme gouvernementale subs-
tituant l'élection de l'exécutif à l'hérédité
le cèdent en nombre, en résolution, en

puissance sur la plèbe, aux républicains qui font de la République « *l'instrument et le symbole d'une transformation sociale.* » Car il faut supposer ce but même à certains hommes de 1793, même à certains hommes de 1871, pour n'en pas faire de simples brutes féroces. Ces républicains-là ont toujours vaincu les autres dans notre histoire; et pour quiconque croit la politique fondée sur l'observation au moins autant que sur la raison, il est peu scientifique d'avancer, malgré des expériences successives, que cette fois les autres les vaincraient.

Quel orgueil aveugle et sot, puéril s'il n'était périlleux, ne faut-il pas aux chefs de l'école républicaine bourgeoise actuelle pour soutenir cette dernière thèse ! Le 1er octobre 1791, Mme de Staël, qui valait Mme Rouvier, je pense, écrivait à sa mère : « Soyez tranquilles sur le sort de la » France. C'est à nous seuls qu'il appartient d'assurer son bonheur. La Fayette » est des nôtres, Narbonne nous seconde, » Malouet et Lally se rallient à nous; *Paris est parfait; on y veut la Constitution,* » *on n'y veut qu'elle.* » Paris laissa bientôt faire les massacres de septembre; Narbonne et Lally échappèrent à grand'peine par la fuite aux égorgeurs de l'Abbaye; Malouet passa en Angleterre... et Mme de Staël en Suisse. Eternelle histoire, recommencée en 1871, avec cette unique variante qu'au lieu de guillotiner, la Commune fusillait, en commençant par les ré-

publicains qui demandent ce que peut
bien être le *spectre rouge*, Chaudey ou Laboulaye ! Sérieusement, M. Thiers, M.
Renault, M.Simon, M. Bérenger, M.John
Lemoinne, sont–ils certains d'avoir plus
de génie politique, plus de désintéressement, plus de courage, plus d'éloquence,
que Vergniaud, que Barnave, qu'André
Chénier, que Cavaignac, ou que Lamartine ?—Non, répond M. Thiers, mais nous
sommes plus habiles, nous avons un secret.—Et lequel ?—Il l'exposa naguère à
l'un de ses admirateurs, le correspondant
du *Journal de Bruxelles* :

« Le peuple, voyez-vous, est un enfant, un
enfant terrible souvent, oublieux plus souvent encore. Quant un enfant est près de
vous, qu'il vous demande de lui donner un
objet impossible à lui procurer, qu'il se la-
mente, qu'il crie, qu'il vous importune de
ses impatiences tapageuses et opiniâtres, eh!
bien, que faites vous ? Lui donner une bonne
claque ? Assurément, c'est ce qu'il y aurait
de mieux. Mais vous êtes un bon père de famille, vous aimez ce cher petit être, il vous
répugne de le frapper. Et puis, cela l'empê-
chera-t-il de crier ? Non, n'est-ce pas ? il
n'en pleurera que plus fort, et voilà votre
maison pleine de lamentations. Alors, que
faites-vous ? Vous lui dites : « Tu veux la
lune, mon petit ami, eh ! bien, tu l'auras,c'est
moi qui te le promets, tu l'auras, et pas plus
tard que demain; tu peux y compter, va, et
ne pleure plus.» Et voilà l'enfant subitement

calmé; à ses larmes succède le rire; il vous
embrasse, il est heureux et charmant. Et
puis le soir vient, l'enfant dort, le lendemain
il ne se rappelle plus rien du tout; il a tout
oublié. Vous l'avez calmé, il vous a laissé
tranquille, et c'est à une fausse promesse que
vous êtes redevable de cette paix. »

Pauvre grand esprit vieilli ! Quoi ! c'est
là leur arcane? Tout promettre au radicalisme, suivant le vent et l'heure, sauf à
tenir le moins... qu'on pourra?

Mon ami, vous en conviendrez, ce n'est
pas avec ce machiavélisme relatif que les
Thiéristes, si Thiéristes il y a encore, em-
pêcheront leur République, fût-elle sur-
nommée conservatrice, d'être ceci, et rien
autre : l'élimination lente ou rapide, mais
progressive et inévitable, de toutes les
garanties sociales, —aboutissant, par une
« pente savonnée » où chaque *leader* est
dépassé par un rival plus violent, à une
catastrophe de guerre civile ou à une réaction implacable. Le *Times*, que la *République française* cite volontiers, disait ex-
cellemment, en août 1875 :

Si jamais M. Gambetta voit le triomphe de
cette révolution dont il est certes l'apôtre le
plus incrédule et le moins convaincu, il sera
l'instrument de toutes les aspirations inas-
souvies, l'organe transitoire de tous les programmes antisociaux. Ce sera lui que la po-
pulace poussera le premier dans la brèche
faite à la légalité. Il sera le premier à parler

de l'ordre, le premier à tolérer le désordre; le
premier à invoquer la loi et le premier à la
laisser violer; le premier à maudire l'écha-
faud, le premier à le laisser construire... le
premier peut-être à y monter.

Rien n'est plus vrai. Comme aux gam-
bettistes M. Thiers, M. Gambetta n'est
qu'une étape pour les « propulseurs » de
M. Naquet, et M. Naquet lui-même, bien
nanti par Apt, a la mine réactionnaire
aux yeux des Nihilistes qui expient à Nouméa le bonheur des chefs arrivés. Tout
cela se tient, se lie, et se pousse. Que les
républicains de M. Simon ou de M. Bérenger ne soient pas les Radicaux, soit;
mais nous savons, pour l'avoir vu, que
ceux-là précèdent ceux-ci, et comment
de prémisses, qui préparent le pays par
anesthésie, les Radicaux tirent des conclu-
sions inattendues. M. Labadié non plus
n'est pas radical : son intelligence et son
hôtel de Marseille le lui interdisent; et
nous vîmes pourtant, en septembre 1870,
une lettre de M. Labadié à un magistrat
digne de respect traduite ainsi, les juges
saisis en plein tribunal, traînés par les
rues de Marseille devant l'immortel Es-
quiros, qui dit à ses gardes civiques :
« Vous avez bien fait. »
Pour nier que la coalition des 364 soit
condamnée à devenir la captive des Es-
quiros qu'elle compte et qu'elle couvre, il
faudrait faire la preuve. Or, c'est la preuve contraire qu'on administre à la France.

Car depuis sept ans, tout Rémusat, qui a
eu en face un Barodet, a été battu par le
Barodet. Car le jour où dans une chaire
de l'Etat Robespierre a été flétri, le *Siècle*
de M. Simon et le *XIXᵉ Siècle* de M. Thiers
ont plaidé pour qui huait le justicier. Car
jusqu'au 16 Mai, les ministres étaient, de
notoriété parlementaire, les tributaires
des Gauches. Car la *République française*,
revenue de l'opportunisme, dit que la
« majorité congédiée a été trop timide,
qu'elle eût mieux fait, cela est certain
aujourd'hui, de peser plus fortement sur
certaines résolutions. » Car M. Grévy, le
sage des sages (on vous en dirait long
dans le Jura sur cette légende), qui
n'avait que coups pour les Droites et
excuses pour M. Duportal, déclarait hier
que « la Chambre dissoute n'a pas cessé
un seul jour, » — même le 4 mai, quand
elle jetait la semence de nouveaux Dar-
boy, — « de bien mériter de la France. »
Car chacun des 361, même le plus pâle, va mendier pour sa réélection les pires
concours, et les 361 au scrutin ne seront
capables de rien, s'ils ne s'appuyent sur
ceux qui sont capables de tout. Car enfin
le *Journal des Débats* annonce qu'il sou-
tiendra les 361, parmi lesquels ceux qui
estiment que « la Commune sauvegarda la
République » ; et M. John Lemoinne constate avoir trouvé « l'esprit d'anarchie »
du côté de Mac-Mahon, « l'esprit conservateur » du côté de M. Marcou, de M.
Naquet, de M. Bouchet, de M. Greppo,

de M. Ordinaire, qui appela « assassins » les membres de la commission des grâces, et à qui M. Martel, président de la commission des grâces, donne la main ! Mon ami, que votre conscience se demande si la démonstration n'est pas faite de ceci, et par nos adversaires eux-mêmes : dans l'armée scandaleusement ramassée contre laquelle nous marchons sous le commandement du Maréchal, M. Thiers et ses Thiéristes ne sont que les protégés des Radicaux, les asservis des Radicaux par conséquent, — les Radicaux sont les maîtres et seraient les bénéficiaires éventuels d'une victoire !

IV.

CONTRE MAC -MAHON... QUI ?

Neutre entre les belligérants, vous avez observé d'un œil impartial, mon ami, le recrutement des deux armées : à droite, des légions indépendantes, mais sœurs, unies sous un drapeau commun, celui de la défense sociale; à gauche, une confuse et incohérente cohue, une agglutination étrange et cyniquement hétérogène, où se trouvent soudés pour un jour, à force de compromis hypocrites, M. Martel, de la commission des grâces, et M. Ordinaire, M. Germain, du Crédit

Lyonnais, et M. Greppo. Vous vous êtes assuré, à des faits irréfutables et accumulés, qu'une si écœurante coalition, dont l'analyse appartient de droit à la tératologie politique, est la protégée, serait demain l'asservie, de ces Radicaux, qu'on pourrait appeler, si le mot de Radicaux leur déplaît, des socialistes honteux. Mais quel sera, dans la campagne qui va s'ouvrir, le guide de ces *condottieri* sans but commun ? Nous, nous serons commandés par le Maréchal : eux, par qui ? Quel sera leur chef, et non seulement leur chef, mais, s'il faut les en croire, leur élu après le succès, si nous étions assez fous, assez amollis, ou assez bêtes pour leur livrer le succès ?

J'entends votre réponse. Cette dernière hypothèse, dites-vous, n'est rien moins qu'une violation des lois constitutionnelles. Qu'on soit ou non favorable aux coalisés, on est contraint de reconnaître que s'ils peuvent annoncer comme enjeu de la partie électorale le sort du ministère de la dissolution, — et encore comptent-ils sans le Sénat, deuxième facteur de la majorité dans le Parlement nouveau, — il leur est légalement impossible de mettre sur leur tapis vert la Présidence. La loi du 20 novembre 1873 nous régit, elle aussi, et se combine à ravir avec les lois du 25 février 1875. Le 20 novembre 1873, le Maréchal a été investi pour sept ans, par un pacte incommutable, de la première magistrature de cette Républi-

que, qui n'eût vraisemblablement jamais
été votée sans cette garantie, si médiocre
qu'elle fût, de stabilité. Si un grand honneur a été fait alors au duc de Magenta,
un devoir non moins grand lui a été im-
posé, parce qu'on savait son patriotisme à
la hauteur de ce devoir : il ne peut s'y
soustraire, et une Chambre nouvelle ne
peut l'empêcher de s'en acquitter, avant
le terme. Le Code défend de traiter d'une
succession non ouverte. Jusqu'au 20 novembre 1880, nul ne peut briguer, ce
pauvre M. Thiers devrait se le tenir pour
dit, de candidature présidentielle, et aucun parti n'en peut présenter aucune.

Vous êtes dans la vérité, mon ami, dans
la vérité constitutionnelle, dans la vérité
républicaine, et sur ce point encore, les
conservateurs monarchistes protégeront,
si besoin est, quoiqu'ils n'y tiennent pas
autrement, la République contre les républicains. Mais si absurde que cela vous
paraisse, et que cela soit, les républicains,
à peine la République installée, et sous le
coup d'une clause de révision, ébranlent
dans une colère stupide, parce qu'on a mis
en mouvement un des ressorts de leur
machine, l'unique chance de stabilité que
fait entrevoir à un pays de tempérament
monarchique la Présidence septennataire.
Par la tribune les politiques profonds de
ce grand parti nous ont notifié, et par la
presse ils nous notifient chaque jour encore, que l'instauration d'une majorité
conforme à leurs vues devrait avoir pour

première conséquence la démission du
« *commis*, » le Maréchal, — à défaut, sa
déchéance, — le gros du *pecus* dit-mieux.
En haut, les haines mal dissimulées s'es-
criment en insultes savamment accommo-
dées par M.Challemel, M.de Girardin, M.
Lemoinne ou M. About, contre ce Mac-
Mahon : « un homme dont l'esprit sem-
» ble avoir la rectitude et *la largeur* d'u-
» ne ligne géométrique... un petit-fils de
» médecin de province, divisionnaire fait
» maréchal,que la France en 1870 *aimait*
» *à croire invincible*, illusion qui se tra-
» duisit le 6 août par une *fête tristement*
» *écourtée*, etc. » La Justice est obligée
de frapper les outrages moins adroits de
la *Marseillaise*, de l'*Egalité*, de la *Lanterne*
de Lyon, du *Réveil des Communes*, de dix
autres.Les Bonnet-Duverdier de toute région donnent le commentaire, avec gestes
à l'appui.Tout en bas,Grapeloup,Gauger,
Capon, traduisant avec la vivacité des
« *nouvelles couches sociales* » les apprécia-
tions de leurs chefs, sont condamnés pour
s'être laissés aller à dire, — Grapeloup,
l'allié des républicains catholiques : « La
» France parlera bientôt, elle coupera la
» tête à Mac-Mahon et à tous les man-
» geurs de bon Dieu, »—Gauger : «Vieil-
» le canaille, tu auras ton compte, tu es
» sorti de la légalité, »—Capon : « on au-
» rait dû le fusiller depuis qu'il a fait le
» coup. »
Que, reculant devant l'énergique maintien de la légalité, — un *frigorifique* sans

pareil pour ces indomptables,— les candidats pour qui Grapeloup, Capon, Gauger, ou leurs semblables, voteront certainement, voilent demain dans leurs mani-
festations électorales cette part de l'entre-
prise, le renversement et le remplacement
du Maréchal, peu importe : la France sait
à quoi s'en tenir. Suivons-les, sans être
leurs dupes, sur le terrain où ils se re-
trancheront : demandons-leur quel sera
le chef, le pivot, la personnification de la
résistance au Maréchal. N'oublions pas
d'ailleurs que la question inconstitution-
nelle en 1877 sera ouverte en 1880, — la
permanence républicaine est cela, — que
la Chambre à élire aujourd'hui en sera
par la durée de son mandat un des arbi-
tres, et que nous ne pouvons donc pour la
nommer nous abstraire absolument de
cette interrogation :

Contre Mac-Mahon.. qui ?

Mon Dieu ! quelle difficulté est-ce-là
pour un parti aussi riche en hommes que
le grand parti républicain ? Depuis sept
longues années qu'a été brisé le boisseau
sous lequel les tenait l'Empire, ne vous
sentez-vous pas ébloui de tous ceux qui
se sont révélés ? Allumez la lanterne de
Diogène, mon ami, et cherchez. Cherchez
à votre aise : vous trouverez bien trois
noms, M. Jules Grévy, M. Adolphe Thiers,
M. Léon Gambetta. Pesons-les, voulez-
vous ?

V.

CONTRE LE MARÉCHAL... M. GRÉVY ?

Nous lûmes ensemble un jour, mon cher ami, un drame de Jules Lacroix qui ne vous déplaisait point, et qui a pour titre *Valeria*. Vous rappelez-vous ce vers du second acte :

En bronze, rien n'est beau comme un républicain !

Pris à la lettre, le mot n'est pas exact : M. Naquet, M. Thiers, M. Gambetta, même en bronze, seraient des Apollons insuffisants. Mais le poëte aura voulu dire qu'il est difficile de trouver beau — ou bon — un républicain réel, vivant, qu'on voit de près en chair et en os.

En bronze, j'entends dans la légende, M. Grévy n'est pas laid. Ce grand parti, où tout est artificiel, les réputations comme les alliances, lui a composé une figure de Solon ou d'Aristide. On en a fait un républicain *sui generis*, spécialement affecté à appâter la bourgeoisie. On lui a prêté des mots rigoureux contre tel ou tel de ses coreligionaires réservé aux rôles plébéiens. Par exemple il aurait prophétisé en un jour lucide que « M. Gambetta mourrait dans la peau d'un factieux », ce qui ne l'empêche point de suivre M. Gambetta ; et de gratitude, les conservateurs, qui ne sont exi-

geants que pour leurs amis, l'ont logé, lui,
dans la peau d'un sage. Cela ne lui a donné grand crédit ni parmi les républicains
complets, qui goûtent faiblement les sages,
ni auprès du gros des hommes d'ordre,
qui se méfient des sages républicains. En
ce pays d'ailleurs, qui aime la grandeur,
la force, le talent, ou la gloire, je doute
que ce Paturot supérieur, convaincu qu'il
a découvert la meilleure des Républiques,
exerce jamais une influence considérable
et jouisse d'un vif prestige. Si la République, surmontant contre toute vraisem-
blance sa peur naturelle d'un appel à la
nation, avait à plébisciter un chef, la candidature de M. Jules Grévy grouperait
quelqu'une de ces minorités comiques,
qui apprirent le 10 décembre 1848 aux
concurrents du prince Louis-Napoléon ce
que pèsent en France les popularités républicaines. C'est dire ce qu'il serait en
tant que personnification de la lutte contre
le Maréchal.

Son nom est terne, comme sa physio-
nomie. Telle du moins je la trouvai, l'an
passé, dans cette Chambre que l'oubli a
déjà prise, — à Versailles. Il était là, à
son bureau de président, secouant sa son-
nette sans autorité comme un maître d'é-
cole sans prestige brandit à tout propos sa
férule non obéie, — impuissant à dominer
de sa voix sourde les houleuses chamail-
leries des Gauches, qui ce jour-là discutè-
rent deux heures durant avec M. Dufaure
la question vitale pour la France de sa-

voir : si dans l'exécution d'une condamnation récente contre Bolâtre, gérant des
Droits de l'Homme, on avait voituré le dé-
tenu dans le « panier à salade » des cap-
tifs vulgaires, ou dans un fiacre. Vous
vous en souvenez, je revenais de Londres,
où j'avais pu suivre quelques nobles séances sérieuses et actives des Lords et des
Communes. Ne vous étonnez pas si j'eus
honte de notre Assemblée républicaine de
1876, quelque admiration qu'elle ait *in
extremis* inspirée à M. Grévy, et quant à
M. Grévy, s'il me parut piètre. Il y avait
sur lui du médiocre, du banal, de l'hési-
tant, du secondaire, et pour rendre d'un
mot mon impression, du *gris.*

Regardez au travers de l'apparence
froide et grave, qui est devenue une attitude : M. Jules Grévy, député de Dôle,
puritain de profession, juste assez d'ailleurs pour ne point négliger de se mettre
en belle posture et d'asseoir en un collége
du Doubs son pâle clair-de-lune fraternel
Albert, vous apparaîtra comme un type
accompli, moins du gaucher qu'il est dans
la zoologie parlementaire, que du républicain centre-gauche français. Singuliè-
res gens, ayant l'air d'avoir du bon sens,
et sous ce prétexte connivant à toute sottise, ou à pis ;—incarnés dans cette garde
nationale, qui avait pour mission de défendre les gouvernements, et au besoin
de les combattre ; — indomptables d'énergie contre les pouvoirs réguliers, qu'ils
savent incapables de leur ôter un cheveu ;

faciles jusqu'à la complicité en face des
révolutionnaires, qu'ils croient modérer
ou se gagner en les ménageant. Contre
ceux-là ils « n'osent jamais », comme l'a dit
naguère dans son honnête lettre le comte
d'Haussonville, peu suspect, car les orléanistes ont vu l'espèce de près. Ces étranges
politiques, dangereux par faiblesse envers
les mauvais, n'ont pas même l'excuse
d'une diathèse de faiblesse, car ils sont
intraitables, observez-les, et durs aux
bons.

Si vous avez cru M. Grévy affranchi de
quelques traits de ce caractère, qui est le
contraire d'un caractère, — vous aurez pu
voir, aux derniers temps de la Chambre
morte, de quel bois son impartialité et sa
fermeté étaient faites. Malade d'une sur-
dité intermittente et localisée dans l'oreille
gauche, il n'entendit jamais de paroles blâ-
mables qu'à droite. De ce côté-là, impé-
rieux et tyrannique comme tout Français
dit libéral, il frappait sans pitié. Au moment même où il abusait de son masque
de juste pour infliger aux plus modérés,
aux plus honorables, ce qui dans son intention, sinon en réalité, était flétrissure,
il excusait ou couvrait M. Duportal, le
premier sujet de la Commune toulousai-
ne, criant : « Au pilori le Message du
Maréchal ! » Quand le jeune et sympathi-
que député de Bergerac, M. Thirion-
Montauban, lui reprochait un peu plus
tard cette attitude à propos d'un nouveau déni d'équité, il aggravait sa faute

eu la niant, sans souci de l'*Officiel* qui le constituait en flagrant délit. Enfin, l'heure sonnée de la dissolution, il foulait aux pieds le mandat de neutralité que ses collègues, sans distinction de partis, lui avaient confié. De ce siége présidentiel où l'impartialité est le premier devoir, cet impassible, faisant œuvre de passion, et de passion mauvaise, descendait dans le conflit, et aux applaudissements des Raspail, des Greppo, des Marcou, des Ordinaire, des Naquet, lançait au Président de la République, à la France conservatrice, à l'histoire, ce défi d'ailleurs prud-hommesque :

« Le pays, devant lequel cette Chambre va
» retourner, lui dira bientôt que dans sa trop
» courte carrière elle n'a pas cessé *un seul*
» *jour* de bien mériter de la France et de la
» République. »

Quelque opinion qu'on ait sur l'acte constitutionnel et légal du 16 mai, le sens moral le plus rudimentaire ne permettait pas de louer en de tels termes une Assemblée, qui, au témoignage des républicains eux-mêmes, n'a rien fait;—dont le *Times*, son défenseur, a dû dire :

Ce n'a pas été une grande Assemblée. Elle n'a pas pris de ces mesures qui tirent les Parlements de la médiocrité courante des annales législatives. Elle n'a donné de relief nouveau à aucune personnalité de premier ordre, et n'a pas été marquée par l'éclat des discussions ...

qui inventa les 18 fructidor par invalidation; qui tenta d'ôter la prière et Dieu à l'armée de la France; qui formula contre la liberté des catholiques la déclaration haineuse, injuste, et en tout cas, nul ne vous dira non, impolitique, du 4 mai 1877; qui, en fait de liberté nouvelle, s'efforça de doter le pays de la liberté des cabarets, comme donation testamentaire. L'homme qui, dans un but visible de malsaine réclame électorale, conféra sans droit à cette Chambre stérile, violente, désorganisatrice, un brevet de gloire civique;—voilà le plus modéré, le plus sage, le plus conservateur des concurrents qui personnifient la lutte contre le Maréchal! Quelles garanties offrirait-il demain à la France honnête?

Les démagogues ont bien compris ce qu'ils pouvaient attendre de ce roseau peint en fer, le roseau pour eux, le fer pour nous. C'est le *Radical* qui a le premier essayé d'opposer au nom de Mac-Mahon, synonyme jusqu'ici de patriotisme et d'honneur, le nom de M. Grévy.

« Il faut présenter comme candidat à la
» présidence un homme qui n'aura pas de
» politique personnelle, *un président partisan*
» *de l'abolition de la présidence.* Cet homme,
» par une chance heureuse, existe; tout le
» monde le connaît; *c'est l'auteur du fameux*
» *amendement à la constitution de 1848 qui met-*
» *tait à la tête du gouvernement un simple prési-*
» *dent du conseil, sans cesse responsable et révoca-*

» *ble*; c'est M.Grévy, resté fidèle aux idées si
» prudentes et prévoyantes qui l'inspiraient
» en 1848. M. Grévy est le seul candidat qui
» nous paraisse offrir aux ennemis de la poli-
» tique personnelle des présidents *toutes les*
» *garanties désirables.*Son nom signifierait abo·
« lition de la présidence au moment où cette
» heureuse modification pourrait s'accom-·
» plir. »

Le fait est que dans la collection chaque jour plus riche des palinodies républicaines,il serait piquant d'intercaler celle-ci : le politique qui a demandé, — se
croyant dans l'île de Morus, Utopie, — la
construction d'une République où la présidence serait supprimée , sollicitant la
présidence. Ce serait le coup de grâce
pour le puritanisme de M. Grévy , que je
vous conseille, cher ami,—si cette fois encore je n'ai rien avancé sans preuve, —
d'envoyer rejoindre au camp des ennemis
du Maréchal,dans le coin des illusions ef-
feuillées et des légendes cassées,l'austéri-
té de M. Jules Favre,la candeur de M. de
Girardin,l'habileté de M. Jules Simon, le
génie militaire de M.Trochu, la vertu de
M. Guyot-Montpayroux, le désintéressement de M. Thiers, et les talents de M.
Gambetta.

VI.

CONTRE LE MARÉCHAL... M. THIERS ?

Contre le nom de Mac-Mahon, — héroïque courage, honneur, patriotisme, — le nom de M Gambetta, effrontément levé d'abord, provoqua ici un tel écœurement, là un tel éclat de rire, que les gens du pacte de Belleville, maîtres de la coalition, ont vite reconnu la nécessité de jeter cette fois encore devant M. Gambetta un paravent. Mais, mon cher ami, en dépit de la proposition du *Radical*, ce n'est pas M. Grévy qu'ils appellent à jouer ce rôle. M. Grévy est un isolé, une figure *grise*, et il n'a que 64 ans. Le paravent, il était désigné par la plus rare rencontre d'avantages : une caducité qui ajourne peu les convoitises, une ancienne renommée, un prurit de pouvoir poussé au point d'acuïté qu'ont certains *dadas* séniles, un ressentiment personnel inexpiable depuis le 24 mai 1873 contre le duc de Broglie et le Maréchal.

L'un des journaux dévoués à M.Thiers disait, en racontant l'une des dernières séances du Sénat :

« Dans la salle des Tombeaux, quand presque toute la foule des sénateurs se fut écoulée,une vieille femme, très vieille,impotente, ratatinée, enveloppée d'oripeaux violets, his-

sée à grand'peine dans une petite chaise rou-
lante, se faisait traîner vers sa voiture.

Cette apparence de vieille femme, c'était
un évêque célèbre, sénateur. »

Il s'agit de cette noble intelligence, de
ce cœur élevé et généreux : Mgr Dupan-
loup. Quoiqu'il soit beaucoup moins âgé
que M. Thiers, quoique ces deux vieillesses ne soient point employées avec une
égale dignité, un égal souci du juge souverain qui est proche, ne craignez pas,
mon ami, que j'aie contre M. Thiers aucune des tristes injures jetées par ses
nouveaux champions aux cheveux blancs
de l'évêque. Il me plaît de vous les rappeler, afin de bien vous prouver que celui
qui se fait ou se laisse défendre ainsi est
traité avec réserve encore, si l'on ne dit
sur sa personne publique qu'une part de
l'impartiale vérité, tempérée malgré tout
par un reste d'admiration provençale pour
ce qui fut un grand esprit, sinon une
grande âme.

Contre le Maréchal... M. Thiers ? Eh !
oui ! M. Thiers sera contre le Président
de la République de 1877 ce qu'il fut
contre Charles X, contre Louis-Philippe
Ier, contre la République de 1848, contre
le Prince-Président, contre Napoléon III.
Dans cette comparaison ridicule de gens
qui s'essoufflent à hisser les 358 au niveau
des 221, il n'y a que ce point de rapproche-
ment entre les deux époques : M. Thiers
du *National*, et M. Thiers de 1877. N'est-ce

pas à vous, cher ami, qu'un homme d'esprit dit un jour mélancoliquement, après avoir lu un éloge de Bossuet par M. Thiers : « Ce que M. Thiers doit aimer » le mieux dans l'œuvre de Bossuet, c'est » l'*Histoire des variations* ? » Il y a pourtant une unité dans cette vie : celle d'un implacable *moi*. Ce *moi* a travaillé depuis cinquante ans à détruire ce qui le séparait de la jouissance du pouvoir.

Mon ami, à quel parti en France M. Thiers peut-il faire un appel confiant ?

Aux légitimistes ? Il a coopéré à 1830. Il a frappé la Mère de M. le comte de Chambord.

Aux orléanistes ? Il a perdu la royauté de la branche cadette. De peur qu'on ne tentât de la relever, il s'est montré, en 1871, aussi hostile qu'il a pu à l'entrée des princes d'Orléans dans l'Assemblée Nationale.

Aux fusionnistes ? Par tous les moyens, il s'est mis en travers des rapprochements, qui, après les malheurs de 1870, auraient pu ébranler au profit de la famille de Bourbon l'opinion publique désorientée.

Aux impérialistes ? Il a miné le trône de l'Empereur. Il ne s'est point opposé au forfait de lèse-patrie et de lèse-*loyalty*, que sa grande situation au Corps Législatif lui aurait permis d'empêcher le 4 septembre 1870. Président, il a laissé déborder dans l'impunité un flot de honteux outrages contre la mémoire du souverain,

qui l'avait du haut du trône appelé « l'historien national. » Il a traqué sans pitié
ceux qui ne demandaient que la légalité
pour affirmer leur foi.

Aux radicaux ? Il les a déportés. Il les
a fusillés.

Aux républicains modérés ? Il a con-
densé tout ce qui peut être dit contre leur
chimère en ce dilemme terrible : « *ou l'imbécillité, ou le sang !* » Et ils savent bien
que s'il plaide aujourd'hui pour une République, c'est pour celle-là seule dont il
espère malgré tout redevenir le président.
Et ils le défendent, mais sans conviction,
ne croyant pas à sa conviction.

Que peut opposer M. Thiers au Maréchal ? Qu'est-il en état d'offrir au pays,
pour le résoudre à lâcher ce que le pays
tient ?

Un respect plus rigoureux de la constitution ? L'autorité est mince pour cette
tâche, quand on a donné au monde cette
formule révolutionnaire : « *emprisonner*
» *un gouvernement dans sa constitution, et*
» *au besoin, l'y fusiller.* »

Un pouvoir plus solide ? Quand on en
a démoli cinq, et qu'on s'acharne au sixiè-
me, on est bien désarmé pour protéger le
sien.

Plus d'habileté ? Jouer à la bascule
n'en est pas une. Que crée M. Thiers,
quand il tient les rênes ? Rien : la division.

Un plus sûr maintien de l'ordre ? Mais
on l'a vu, hier même,—malgré l'effroyable leçon qu'auraient dû lui laisser la

naissance et les répressions des Communes de 1871,—tout livrer peu à peu aux
radicaux, gêné par des pactes secrets. Il
subit, depuis le 24 mai 1873, les pires
concours. Je vous ai exposé l'autre jour,
—pièces en main,—à quelle misérable
ruse il réduit aujourd'hui la défense sociale : tout promettre au radicalisme,
comme à un enfant tapageur, sauf à tenir le moins... qu'on pourra.

Une plus stricte observation du régime parlementaire ? Mais la France n'a pas
connu de régime plus personnel que le
principat de M. Thiers. Lui qui a tout
critiqué dans sa longue existence, il ne
pouvait souffrir de contradicteur. Politique, finances, diplomatie, commerce,
guerre, sur tout il en savait dix fois plus
long que les plus compétents. La Chambre, il l'insultait, ou la raillait. Il l'obli-
geait de souscrire à ses systèmes : rappelez-vous le chimérique impôt des *matières
premières*. Pour peu qu'elle résistât, tré-
pignant, il lui mettait le marché à la
main. Les ministres, il traitait toute affaire par dessus leur tête, choisissant, et
d'ordinaire entre ses favoris, jusqu'au dernier fonctionnaire de province. L'Assemblée en vint à le supplier,—lui! — de laisser évoluer la «responsabilité ministérielle : » à quoi il répondit que c'était là une
« *chinoiserie*, » bonne pour les princes,
non pour « un petit bourgeois qui con-
» quiert le pouvoir à la sueur de son
» front, » qu'il ne jouerait pas le rôle

d'un « *mannequin*. » Ses officieux de l'*E-
vènement* et du *Bien Public* écrivaient :
« *M. Thiers ne doit pas céder à la* MAJORITÉ.
» Mais alors , *diront les parlementaires* ,
» c'est du gouvernement personnel : eh!
» sans doute, les Français n'en admettent
» pas d'autre... » Il avait dit de si jo-
lies choses du « pouvoir personnel, » sous
l'Empire ! Elles vont resservir.

Un gouvernement plus libéral ? Citez-
moi une des « libertés nécessaires » dont
il ne se soit moqué, Président. Il en vint
à refuser à un conférencier la permission
de parler du *Misanthrope*, salle des Capu-
cines ! La direction de la presse rétablie
ne donnait plus d'autorisation. Les juri-
dictions de l'état de siége perpétué lais-
saient loin le système de 1852, et pour ne
pas vous refaire le martyrologe des journaux honnêtes frappés, je m'en tiens à vous
rappeler, après *Paris-Journal*, le *Gaulois*,
l'*Armée*, etc., cette pauvre *Dépêche* de
Marseille, que M. Thiers égorgea au bout
de huit jours, pour cinq lignes qui l'aga-
çaient. Quant à la candidature officielle,
celles de 1877, qui l'indignent d'avance, seront anémiques auprès des siennes : qu'il
vous souvienne de la Corse, une escadre
de cuirassés, un corps de débarquement,
un commissaire extraordinaire envoyé *ad
hoc* les poches pleines de faveurs et de
destitutions.

Plus de soin de la légalité ? Rien n'em-
barrasse moins M. Thiers. A tout degré,
c'était l'histoire de l'opulente trésorerie

donnée à un jeune secrétaire de M. Picard.
On demandait comment avait pu être
transgressé le décret par lequel l'Empereur avait sagement interdit de nommer
trésoriers-généraux des candidats n'ayant
pas vingt ans de services financiers. Et le
ministre de répondre que M. Thiers avait
abrogé *secrètement*, à lui tout seul, le décret gêneur.

Une politique extérieure plus habile, ou
plus heureuse? Mais l'avortement de 1840
n'a eu d'égal que celui du voyage de
1870 à travers l'Europe, dans lequel M.
Thiers s'occupa de calomnier l'Empire
sans souci du mal qu'il faisait du même
coup à la France.

Des vues plus propices à un relèvement
militaire? Mais ce n'est pas lui qui écrivit
la lettre du 17 septembre 1866 sur la réorganisation de l'armée, c'est l'Empereur. Lui paralysa le maréchal Niel, en
appelant « *fantasmagorie* » les onze cent
mille hommes de la Prusse. Et il nous a
appris naguère que la législation de 1832
est demeuré son idéal.

Des doctrines économiques plus fécon-
des? Mais s'il est un peu revenu — sans
trop s'en expliquer — sur son mépris des
chemins de fer, rien ne l'a guéri de pré-
jugés féroces contre le libre-échange, qui
a enrichi la France.

Plus de préoccupation morale dans
l'orientation de la société française? Mais
M. Thiers ignore les « haines vigoureu-
ses » du mal. Il ne hait que ceux qui le

combattent. Il ne croit, ou peu s'en faut,
qu'en lui.

Plus de désintéressement? Mais 1871
vous a fait perdre bien de l'argent, mon
ami, comme à beaucoup de Français, et
nous avons donné à M. Thiers, pour re-
bâtir le petit hôtel de la place St-Georges,
un million.

Une impulsion plus démocratique, plus
soucieuse du *mieux-être* des masses, plus
féconde en ces réformes que la *Liberté* sou-
tenait hier avec raison être les seules
vraies? Mais pour ce peuple, qu'il appela
en un jour de franc-parler la « *vile multitude* », nul moins que M. Thiers n'a res-
senti d'amour.

Plus de popularité? La sienne a baissé
de 20 élections, en 1871, à 2, en 1876. Il
n'est pas certain qu'il la relève en 1877
par son association de chaperonnage mu-
tuel avec l'homme qu'il qualifia de « fou
furieux. » *Ceci* tuera *cela*.

Car *cela* date du 16 avril 1797. Quel bail
la France, en quête d'un lendemain, pour-
rait-elle renouveler avec M. Thiers, qui
aura le 16 avril commencé sa 82e année?
Il ne croit pas venue l'heure du *solve senes-
centem*. C'est son affaire. Mais je le vis l'an
passé, à l'Académie française, pleurer aux
adulations de M. Jules Simon, et vous l'a-
vez vu pleurer naguère au Congrès des
Orientalistes Marseillais...

Alas! poor Yorick! Et ne trouvez-vous
point, mon cher ami, que j'eusse pu me
dispenser de rechercher avec vous ce

qu'aurait bien pu nous offrir M. Thiers
pour nous le faire préférer au Maréchal,
— quand M. Thiers vivait ?

VII.

CONTRE LE MARÉCHAL... M. GAMBETTA ?

Derrière l'ombre chancelante de M.
Thiers, vous voyez bien, n'est-ce pas,
mon ami, s'arrondir celle de l'Antony
Thouret rouge ? L'octogénaire, frustré de
cette dignité dans la paix qui couronne si
bien les vieillesses, est poussé au premier
plan, paravent de celui qu'il appela un
« fou furieux » ; mais, — quelle amertu-
me, s'il la sent ! — c'est ce « fou » qui le
protége, qui présente et patronne sa candidature, qui lui donne des brevets de
« santé, d'esprit, de grâce », qui détour-
ne à demi sur sa pauvre tête blanche les
hommages à réclames d'horlogerie des
Franco-Suisses. Ces hommages même,
portés place St-Georges au lendemain du
24 mai 1873, transférés en 1877 rue
Chaussée-d'Antin, disent assez à M.
Thiers que le voilà réduit au rôle de chandelier, un chandelier bien branlant, bien
détamé, hélas ! — et que le bénéficiaire
actuel des réalités est M. Gambetta.

Un député de la Gauche a livré, dès les
premiers jours, le mot de la situation : « Il

» n'y aura que deux espèces d'électeurs,
» ceux de Mac-Mahon et ceux de Gam-
» betta.» Les Nihilistes regimbent. M. Naquet, qui le 10 septembre 1875, à Marseille,
disait : « il est indispensable, aux pro-
» chaines élections, d'abandonner dans
» les grands centres le nom de M. Gam-
» betta, afin de ne pas approuver sa poli-
» que de passivité, » se révolte. Le *Mot
d'Ordre* s'écrie que l'opportunisme est ar-
rivé « de concession en concession à une
» concession de cimetière », ce qui est
vrai, et réclame « une Chambre d'amnis-
» tie », la réélection des 358 lui parais-
sant une « amusette ». Ils ont raison, à
leur point de vue ; car ils arracheront
ainsi des garanties à M. Gambetta. Mais
ces garanties seront données, au grand
jour ou en secret, et le signataire du
Pacte de Belleville demeurera la personnification des ennemis du Maréchal. Non
qu'il y ait là l'« alternative plébiscitaire »,
dont il feint de se défendre avec sa risible
suffisance : des élections seront toujours
profondément différentes d'un plébiscite,
et l'Appel au Peuple n'est pas engagé
dans ce qui se passe. Non point davantage que l'individualité soit de taille à
expliquer en quoi que ce soit le rôle : mais
si la sagesse populaire a raison de dire
que dans le royaume des aveugles les rois
sont les borgnes, dans la République des
républicains M. Gambetta est président
désigné, en attendant d'autres, — et cela
ne le grandit pas plus que la même fortu-

ne demain ne grandirait M. Rochefort,
M. Naquet, ou M. Raspail.

J'ai tracé naguère un crayon de M.
Gambetta orateur et politique ; et il
m'en souvient, vous voulûtes bien
m'écrire, l'ayant connu par une repro-
duction dans l'*Ordre*, que toute adhésion
réservée, — car vous sortez rarement de
votre neutralité, — vous trouviez le por-
trait ressemblant. Je n'en rappelle que
l'ensemble. M. Gambetta, orateur, n'a ni
la noblesse extérieure, ni la voix, ni le
geste, ni l'accent, ni le savoir qui est la
chair de l'éloquence, ni la beauté ou la
clarté qui en ornent la forme, ni la conviction qui en est l'âme, ni le don oratoire
par excellence, la forte riposte : par dessus tout, il est ennuyeux. M. Gambetta,
politique, peut être défini : le politique
des résultats sans résultats. Pour qui se
pose en Machiavel d'un système d'oppor-
tunismes et de succès, la loi est de réussir, ou d'être sifflé. Il n'a réussi ni à
imposer ses idées à tous les groupes du
parti républicain (car ils subissent sa personne, et lui subit leurs idées), ni à faire
accepter la République par les partis
conservateurs, ni à la faire avaler au Maréchal. Ce Génois, qui l'est d'origine,
mais non d'habileté, berné le 16 mai par
le Maréchal qu'il croyait jouer sous jam-
be, et le 17 juin par le Sénat, son «grand-
» conseil des Communes, » dont il avait
promis le libre maniement aux résistances de M. Naquet, en est réduit à mettre

sur son affiche l'annonce d'une revanche
qui n'arrivera pas, — et qui, si elle arri-
vait, serait un nouveau tohu-bohu , un
nouvel argument contre la stabilité de la
République en France. Tout a été maladresse dans ses manœuvres. Maladresse,
hâter et légitimer la dissolution par le
Manifeste, car l'Assemblée de 1876 aurait pu créer bien des embarras au cabinet de Broglie. Maladresse , se précipi-
ter dans une lutte personnelle contre le
Maréchal , et le brouiller avec les républicains. Maladresse, crier qu'on part 363
et qu'on reviendra 400 : car déjà M. Morel a fait descendre les 363 à 362 en les
lâchant, M. Lebaudy et M. Rouveure à
360 en retirant leurs candidatures, M.
Lefèvre à 359 en mourant à Cauterets ,
M. Ordinaire à 358 en se faisant jeter à la
mer; combien, vexés de se voir dans cette
galère, se débanderont sans le dire , et
combien risquent de ne pas être réélus ,
puisque même dans les Bouches-du-Rhône, j'aperçois deux ou trois conquêtes as-
surées aux conservateurs; et si l'on ne re-
vient ni 400 , ni 363 , Fontanarose aura
donc hâblé ? Maladresse enfin, fourvoyer
dans l'aventure le centre-gauche, qui pa-
raissait jusque-là représenter la dose de
républicanisme compatible avec l'intérêt
public aux yeux du Maréchal , qui par
conséquent aurait pu garder jusqu'en
1880 le droit aux portefeuilles, à qui un
républicain perspicace aurait au moins
laissé pour le cas d'élections peu accen-

tuées dans l'ensemble une porte ouverte
sur le ministère.

Le politique jugé, l'orateur jaugé, fai-
sons le tour de ce Rabagas, que la comé-
die a remis à son rang dans l'histoire contemporaine. Mon cher ami, auquel des
intérêts de la France la reprise, non pas
même du pouvoir, mais d'une influence
prépondérante, par ce M. Gambetta, pro-
mettrait-elle satisfaction ?

A l'intérêt religieux ? Depuis le débat
sur les élections cyniquement invalidées,
où la Gauche ne cessa d'insulter le clergé
exerçant ses droits civiques, notamment
pour celles de M. Estignard, de M. de Boi-
gne, de M. Chesnelong, du comte de
Mun, jusqu'aux suppressions iniques dans
le budget des cultes, jusqu'à l'ordre du
jour du 4 mai 1877 qui dénonçait les catholiques comme des destructeurs de la
paix intérieure ou extérieure, M. Gambetta n'a cessé d'étaler une haine, mal dé-
guisée sous des hypocrisies de mots, contre
la religion de l'immense majorité des
Français. « Le cléricalisme, voilà l'ennemi ! » ce cri, suivi par les 346, et dont une
Commune se chargerait de donner la traduction pratique, est la formule violente,
impolitique, et bête, disons le mot, de ce
que M. Gambetta fait espérer à l'intérêt
religieux.

A l'intérêt moral ? Mais s'il est des choses propres à moraliser un pays, et surtout une jeunesse, ce n'est pas le spectacle du bohême sans talent qui du café de

Madrid s'est hissé où on le voit; qui, dans l'agonie de la France, a mis la main sur le pouvoir par un faux en écriture publique, des effets duquel j'ai été, mon ami, le témoin oculaire le 4 septembre 1870 dans une petite ville de France : cette dépêche signant d'une qualité usurpée le fait faux que «la Chambre avait voté la déchéance,» mensonge avéré qui brisait toute résistance de la province au coup de l'émeute devant les Prussiens. Ce n'est pas le spectacle d'un Cléon n'ayant d'autre politique que l'équivoque, la tromperie publique, essayant de duper la bourgeoisie, et même, (rappelez-vous ce discours où il le tenta), le bas clergé, tandis qu'il maintient le pacte démagogique de Belleville, refuse de désavouer la Commune de 1871, et jette par intervalle à sa« queue » un de ces appels, où M. John Lemoinne, son avocat aujourd'hui, flétrissait en 1872 « un détestable esprit, « d'exécrables tendances. » Ce n'est pas le spectacle du fils de l'épicier de Cahors, — et certes cette origine serait un titre de plus à l'estime en d'autres conditions ! — parvenu, par une voie douloureuse et sanglante pour la patrie, heureuse pour lui, à ce qu'il est à l'heure présente. Il menaçait hier, dans la *République française*, d'une poursuite qu'il ne fera pas, le *Bulletin des Communes*, qui l'a appelé officiellement « le dictateur incapable et *enrichi* » dont le nom demeure attaché à nos malheurs » Aucune loi n'empêchera M. de Fourtou, ni nous, de constater que M.

Gambetta, après s'être nommé ministre au traitement de fr. 60,000 par an, suivant arrêté du 1er octobre 1870 et décret du 8 octobre 1870, se fit payer sur le pied de 100,000 francs ; d'indiquer aux abusés de Nouméa que Catilina, sans le sou au moment du plaidoyer Delescluze, peut maintenant écrire sur la porte de l'hôtel de la rue Chaussée-d'Antin *après fortune faite*; de demander à un débat récent devant le Tribunal de la Seine la preuve que le fondateur des *Républiques françaises* a 300,000 fr. d'actions dans cette seule affaire; et de retenir, dans l'instance faillite Giraud contre Ordinaire, jugée par la première chambre du Tribunal civil de Lyon, cette lettre versée au procès :

Versailles, le 28 juillet 1876.

Cher monsieur,

Nous avons l'occasion unique, sûre, de gagner cinq cent mille francs d'ici fin août. J'ai vu hier un administrateur de la Franco-Hollandaise et Laurier, qui a placé pour directeur dudit établissement son ancien secrétaire. De plus, j'ai consulté *Gambetta, qui est intéressé dans l'affaire*. Il faut, et ils sont tout prêts pour cela, que la Franco Hollandaise ait dépassé le cours de 500 francs le 7 septembre, jour de la réunion des actionnaires. *Philippart, par Gambetta, président de la commission du budget, a obtenu tous ses chemins de fer*. Les renseignements que je vous donne sont *d'une absolue certitude*.

Signé : ORDINAIRE.

Ayant ainsi vu ce que pèsent la politique et l'éloquence de M. Gambetta, ce que sa prépondérance promettrait à l'intérêt religieux, quelle satisfaction son succès offre à l'intérêt moral, vous plaît-il d'examiner le patriote, l'administrateur, le financier, le diplomate, le libéral, l'homme de gouvernement ? Je vous promets, mon ami, de continuer à ne vous apporter que des faits. Ils regorgent : prenez-vous en à cela de la nécessité d'une autre causerie, et non à la hauteur du sujet.

VIII.

CONTRE LE MARÉCHAL... M. GAMBETTA ?

Sur ce que M. Gambetta offre aux trente-cinq millions de catholiques français, sur la portée morale de sa réapparition éventuelle au pouvoir ou près du pouvoir, sur les talents de l'orateur, sur les « résultats » du politique, vous m'écrivez, mon cher ami, que nous sommes d'accord. Voyons ce que pourraient attendre de lui les autres principaux intérêts du pays. Examinons le patriote, le financier, le libéral, voire le républicain, l'homme de gouvernement : ne vous récriez pas, il s'est donné tous ces titres, et tous les ridicules.

Le patriote ! Ah ! s'il est, parmi toutes
celles qui se sont dites depuis sept ans, une
sottise amère à subir, c'est celle des exploiteurs ou des crédules, qu'on entend de
ci de là donner ce nom sacré à M. Gambetta, et nous parler de « l'honneur qu'il
» a sauvé ». Apparemment, tous ces vail-
lants, qui du maréchal au soldat ont été
l'armée de Sébastopol, de Magenta, de
Solférino, de Reischoffen, attendaient un
charlatan tombé de ballon pour « *sauver
l'honneur* » de la France. Ne parlons pas
de ce crime de lèse-patrie, de cette révolution perpétrée devant l'ennemi contre un
prince prisonnier, une femme, un enfant,
et dont un grand écrivain, qui n'est certes
pas bonapartiste, a dit : « On aurait pu
» faire grâce à quelques fous de la Com-
» mune; mais ceux dont on devrait raser
» le toit et abolir le nom, ce sont les pré-
» varicateurs qui firent le Quatre Sep-
» tembre. » De ce forfait-là, Dieu au
moins demandera compte aux coupables.
Mais quoi ! patriotisme, cet effroyable dé-
ploiement d'incapacité outrecuidante qui
opéra *in Galliâ vili*, qui de chaque situation compromise fit une situation désespérée, qui attira sur nos malheurs jusque-là honorés le suprême affront du sourire de l'Europe ? Patriotisme,—pour rappeler le mot terrible du duc de Broglie,—
l'œuvre du « *dictateur de hasard, qui, s'em-
» parant du pouvoir, n'a su qu'envoyer les
» autres à la mort, et épuiser dans un inté-
» rêt de parti la dernière goutte du sang de*

» *la France*? » Pour Dieu ! qu'on nous épargne une telle dérision, où les mots n'ont plus de sens dans notre langue jadis loyale. Pour savoir ce que vous pouvez penser de ce patriotisme fait avec le sang des autres, —Mercadet ou son pareil a bien dit : les affaires, c'est l'argent des autres ! —écoutez, mon ami, le cri échappé à nos vainqueurs implacables :

Il est presque impossible d'admettre qu'aucun homme compétent, parmi les généraux français, n'ait essayé de faire comprendre à l'homme de loi Gambetta l'inefficacité de son personnel de mobiles, et surtout sa folle présomption de vouloir, lui, mince avocat, s'ériger en général en chef, et dicter des plans de campagne à des hommes du métier, dans une situation critique comme celle où se trouvait la France au lendemain de Sedan. Oui, certes ces observations ont été faites à M Gambetta ; mais il n'a point voulu les entendre, et, se posant en prophète inspiré, il s'est contenté de répéter sa fameuse phrase : Guerre à outrance. Pour lui faire ouvrir les yeux à l'affreuse réalité, il eût peut-être été bon de le vêtir des haillons qu'il faisait distribuer à ses soldats pour la campagne d'hiver, et de l'incorporer parmi ces malheureux, pendant huit jours seulement.

Après Sedan, c'était folie que de continuer la lutte dans de telles conditions : l'ignorance et l'ambition personnelle des révolutionnaires pouvaient seules engager la France dans cette voie, et la conduire aux derniers abîmes..

Dans toute cette campagne de la Loire, où d'ailleurs, la bravoure française est restée ce que Dieu l'a faite, un seul homme nous inspira des craintes sérieuses: le général d'Aurelle de Paladines, dont les talents comme tacticien et comme administrateur fussent peut-être parvenus à tirer un bon parti des éléments détestables qui composaient son armée. M. Gambetta, maître souverain de la France à cette époque, n'eut rien de plus pressé que de nous en débarrasser, *et nous ne saurions trop le remercier en notre qualité de Prussien.*

Qui parle ainsi? Le colonel Von Rustow, de l'état-major allemand, dans son histoire de la guerre de 1870. Et comment ne remercierait-il pas, au nom de la Prusse?—Le 3 septembre 1870, l'armée française est vaincue à Sedan, 80,000 hommes vont périr inutilement, on capitule, comme en 1806 les Prussiens à Erfurth, à Breslau, à Stettin, à Lübeck, à Custrin, à Magdebourg. Que va faire la France? Ce que la Russie a fait après Sébastopol, le Danemark après Düppel, l'Autriche après Solferino, l'Autriche après Sadowa? M. Gambetta,—qui a « ramassé » le pouvoir,—*c'est grand pitié quand le valet-chasse le maître*, non, l'enfant du maître captif, — sait par une dépêche adressée au ministre des affaires étrangères par l'ambassadeur de France à Saint-Pétersbourg, que nous pouvons traiter de la paix *sans cession de territoire*, en conservant nos frontières de l'Est. Mais il faudrait s'en

aller : M. Gambetta se résout à « *sauver l'honneur* »; comme il a crocheté le pou-voir, et les serrures de l'Impératrice, il disposera de la vie de milliers de Français et de l'intégrité de la France, se conten-tant pour sa vie à lui, la seule chose qui lui appartienne, de signer « *un pacte avec la mort.* »—Le 20 septembre 1870, M. Jules Favre va à Ferrières implorer un armistice. M. de Bismark lui propose de faire la paix moyennant *la cession de Strasbourg et de sa banlieue (Journal officiel* 17 juin 1871). Mais il faudrait appeler une Assemblée; l'Allemagne refuse de traiter avec la dic-tature sans mandat, auprès de laquelle M. Cavalié-Pipe-en-Bois remplit les fonc-tions d'introducteur des ambassadeurs, M. Gambetta tenant les Paschal Grous-set : M Gambetta continuera de « *sauver l'honneur.* » — Le 30 octobre 1870, M. Thiers rapporte de sa mission en Europe, stérile quant à tout secours, la conclusion suivante : « Il faut accepter l'armistice,
» même sans ravitaillement, pour pouvoir
» convoquer une Assemblée et traiter.
» Aujourd'hui la paix vous coûtera l'*Al-*
» *sace et deux milliards* : plus tard, outre
» les maux de la guerre, la paix coûtera
» l'Alsace, la Lorraine, cinq milliards.»
(*Enquête Parlementaire, rapport Daru,* p. 271). Mais il faudrait rendre la France à la France, et lâcher les proies : M. Gam-betta achèvera de « *sauver l'honneur.* » -Le 28 janvier 1871, M. de Bismark exige en effet l'*Alsace, la Lorraine, cinq milliards,*

et il faut les lui donner, et on les lui donne, et M. Gambetta croit secouer la responsabilité de cet aboutissement, en se
taillant un rôle d'outrancier quand même.
A peu de frais personnels, d'ailleurs !

Tel fut ce patriote. Son patriotisme, en
juillet 1877,— grimace de l'un des plus
nobles sentiments de la créature humaine,
— consiste à exciter les défiances de l'I-
talie et de l'Allemagne contre les plus sincères partisans des politiques de paix :
car, s'il pouvait faire naître ainsi un péril
de guerre, quelle arme contre le cabinet
du 16 mai, quel superbe moyen électoral
demain! C'est un patriote d'une pâte nouvelle, mon ami, que ce M. Gambetta.

Passons au financier. Il ne le faut point
ici juger sur l'état de ses affaires; j'entends parler de celles du pays. Il livra les
clefs du Trésor à une bande de Roberts-
Macaires, qui simplifièrent la comptabilité publique en la supprimant. Lisez le
rapport de la Cour des Comptes sur cette
gestion. C'est Ferrand, l'ami et le com-
manditaire d'autrefois, répudié depuis sa
condamnation criminelle, comme M. Ordinaire depuis les considérants du tribunal
de Lyon, à qui on fait des avances de 15
millions en un seul paiement, et qui tou-
che pour 31 millions de mandats. C'est
Barthélemy, qui perçoit 4,550,000 fr. de
mandats, et qu'un arrêté ministériel du
29 octobre 1873 constituera débiteur de
564,737 fr. envers l'Etat. C'est Giacomet-
ti, qui avait, disent les documents offi-

ciels, « la confiance de M. Gambetta »,
mais dont des décisions des 23 novembre
et 29 décembre 1871 annuleront les marchés, et fixeront la responsabilité à
620,744 fr. C'est la fameuse commission
d'armement, à la disposition de laquelle
sont mis 72,138,978 fr., et dans les comptes de laquelle deux avances énormes, l'u-
ne de 750,000 fr. soldée par la trésorerie-
générale du Rhône, l'autre de 505,661
fr. soldée par la trésorerie-générale de la
Seine-Inférieure, restent « dénuées de toute justification ». C'est l'insignifiante somme de 50,762,558 fr. dépensée à Tours,
sous l'action immédiate de la dictature, et
dont les pièces justificatives, transmises
au caissier-payeur-central du ministère
des finances, disparaissent dans les incen-
dies de 1871. C'est le mince total de
21,120,758 fr., — un rien, — dépensé
à Bordeaux, sous l'action immédiate de
la dictature, et pour lequel la Cour déclare que « les mémoires, factures, mar-
» chés, qui devaient, en exécution de l'ar-
» rêté du 25 avril 1871 être communi-
» qués à la commission des marchés, n'ont
» pu être retrouvés. » C'est une vétille de
411,795 fr. relative à une « mission télé-
graphique spéciale » organisée le 26 octobre 1870 par décision de M. Gambetta,
au profit d'un sieur Robert, et pour laquelle la Cour constate « qu'aucune justifica-
» tion d'emploi n'a été produite » Que
vous dirai-je, mon ami? Voyez tout cela
dans le détail, et résumez ensuite l'en-

semble ainsi : récompense honnête à qui retrouvera *deux cent soixante quatorze millions* perdus par les financiers de la Défense ou Dépense nationale.

Mais n'espérez pas que M. Gambetta rende les comptes réclamés pour la centième fois à l'Assemblée le 16 juin 1877 par M. Paul de Cassagnac et par M. Bourgeois. Le merveilleux financier ! Vous n'avez point oublié qu'il voulut faire des billets de banque, un Bordelais me narrait encore hier par le menu cette bonne histoire, — dame ! la tradition des assignats, en république ! — et qu'aux résistances honorables opposées à ses grandes idées par l'un des chefs de la Banque de France, il répliqua : « Nous briserons la Banque ! », du même ton qu'un de ses successeurs : « Flambez finances ! », ou que son ami M. Challemel : « Fusillez-moi ces gens-là ! » Tel est l'homme qu'un négociant marseillais de vos amis, vous me l'avez raconté, admirait fort à la présidence de la commission du budget, où il eut affaire à lui. Tous les goûts sont dans la nature. Pour moi, je vous confesse que son grandiose projet de réorganisation financière par les « *cédules* » m'a fait couler de douces heures. Vous vous en rappelez, n'est-ce pas ? les grandes lignes : l'impôt sur le revenu substitué aux quatre contributions directes, l'impôt sur la rente amoindrissant le crédit public, l'impôt avec exercice sur les salaires, c'est-à-dire sur le travail même du pauvre, et surtout, et partout des « cé-

dules », « *cédules* » par ci , « *cédules* » par
là. Je ne saurais vous dire ma déception
et mon regret, quand M Léon Say , aujourd'hui compagnon solidaire de M .Gam-
betta, ayant donné son avis l'homme d'affaires sur ce plan de génie, le plan s'éclip-
sa, pour ne plus remonter jamais à la lumière de la discussion publique. Il y avait
là de quoi fournir à M. Gambetta un rôle
de Necker, de Mollien, ou de Louis,— car
M. Magne offrirait une comparaison trop
insuffisante,—dans le genre de son « Car-
not », si réussi. Il nous a d'ailleurs dédom-
magés, puisque vous avez appris ces jours
derniers, mon cher ami, dans l'instance
syndic de la faillite Giraud contre Ordinaire , et par les lettres dont le jugement
du tribunal civil de Lyon a ordonné l'en-
registrement, que la présidence de la commission du budget par M. Gambetta , si
elle n'a profité ni à votre ami le Marseillais
ni à la France, a servi du moins à rensei-
gner les opérations de M.Ordinaire, un
autre des 358 ennemis du Maréchal, et à
« enlever » les concessions Philippart.

Vraiment la matière est plus riche encore, et plus grasse, que je ne le croyais.
Renvoyons à une dernière lettre sur ce
sujet, cher ami, une étude sommaire,—
mais aussi précise, aussi scrupuleusement
appuyée sur les faits et non les mots,— du
républicain, du libéral, de l'homme de
gouvernement. Après tout, regarder de
près M. Gambetta (Léon), homme politique français, chef couvert par M. Thiers

de la coalition contre le Maréchal, — au besoin le déshabiller un peu, — est moins ennuyeux que l'entendre.

IX.

CONTRE LE MARÉCHAL... M. GAMBETTA ?

Mais, mon ami, si les faits , — ces démonstrateurs irréfutables, — vous ont, je crois, prouvé que M. Gambetta est un piètre politique, un orateur médiocre, la caricature d'un financier ou d'un administrateur, et le rebours d'un patriote, représente-t-il au moins, dans la lutte contre le Maréchal et nous, la liberté ? Un certain public le croit peut-être encore : je l'entendis prétendre hier à deux commis-voyageurs très profonds, avec assaisonnement de quelle politique , grand Dieu ! ·

Le libéralisme de M. Gambetta a consisté : 1° à livrer le 4 septembre 1870 la représentation nationale à des émeutiers, et à tenter de la déshonorer devant l'histoire par un faux télégramme aux municipalités loyales de province; 2° à mettre en œuvre, quant à la convocation d'Assemblées nouvelles, la haute doctrine de M. Jules Ferry, un autre libéral des 358, qui, dans la soirée de ce beau jour, interpellé par un républicain de l'espèce crédule sur la

date des élections, répondit avec un pied
de nez devenu historique : « Nous ? pas
ʏ si bêtes ! »; 3° à maintenir inflexible-
ment ces principes, jusqu'à l'heure où il
fallut arracher le pouvoir et la France à
ses mains impuissantes et furieuses; 4° à
briser, outre les conseils municipaux, les
conseils généraux , ce qui laissait sans
mandataires les 2,865 cantons de France;
5° à supprimer, d'un seul *ukase*, dix journaux conservateurs à Bordeaux, à frapper
l'*Union de l'Ouest* à Angers , l'*Union de la
Sarthe* au Mans, la *Gazette du Languedoc* à
Toulouse, etc.; 6° à dresser, la candidature officielle étant très insuffisante à ses
yeux — ce pourquoi il crie aujourd'hui à
la candidature officielle, — des catégories
d'inéligibles, voulant et entendant interdire au suffrage universel, lui, Léon Gambetta, de Cahors, de voter pour tels ou
ou tels incapables, qu'il désignait. Et la
France dut se courber sous cette dernière
honte, de voir M. de Bismark, l'absolu
ministre du plus autoritaire souverain ,
rappeler à la pudeur le libéralisme des
républicains français.

Mais, au surplus, pourquoi juger nous-
mêmes M. Gambetta libéral ? Écoutez
quelques-unes de ses dépêches, en ce
temps béni qu'il nous demande de faire
revivre. Écoutez-les, je ne les invente pas
pour les besoins de la cause du Maréchal.

Le 5 septembre 1870 :

« Citoyen préfet de police,

« Je vous prie de veiller à ce qu'il n'y ait

ni réunion ni tentative de réunion des anciens sénateurs et députés.

» Salut.   » L. GAMBETTA. »

Le 7 septembre 1870 :

Révoquez les maires récalcitrants. Suspendez les conseils eux-mêmes.

Le même jour :

Nommez les sous-préfets que vous jugerez bons.

Le 9 septembre 1870 :

Dissolvez cette commission, ne vous laissez pas envahir.

Le 12 septembre 1870 :

Vous avez tout pouvoir pour révoquer et remplacer.

Le 14 septembre 1870 :

Certainement ! *remplacez autant de maires que vous le jugerez convenable.* Vous avez pleins pouvoirs.

Le 17 septembre 1870 :

N'avez-vous donc pas reçu ma circulaire d'hier, qui vous donnait pleins pouvoirs pour remplacer les maires, *et qui vous invitait à en user ?*

Le même jour :

*Révoquez immédiatement tous les maires hostiles
à la République.*

Et cent autres de cette force, pour sti-
muler jusqu'à l'affolement des fonctionnaires, qui n'en avaient certes pas besoin,
puisque ils se dénonçaient les uns les autres comme «*ayant des scrupules en matière
d'élections.*» Et ce sont ces gens-là, M.
Gambetta en tête, ou en queue — c'est la
même chose dans ce parti,— qui person-
nifieraient aujourd'hui le «libéralisme»
contre nous, contre le Maréchal? Comé-
diens !

Le Gambetta qui fit ces choses, et qui
loin de s'en repentir, s'en glorifie inso-
lemment, n'est qu'un pseudo-républicain,
s'il est vrai que la république, en théorie
au moins, est la chose de tous régie par le
libre vouloir de tous. Oui, il nous incombe,
à nous, de dire cela, et non avec nos té-
moignages, mais avec ceux de l'un des
chefs du parti républicain, aujourd'hui à
la remorque des pires meneurs. Le 5 novembre 1870, M Grévy écrivait de Mont-
sous-Vaudrey au *Républicain du Jura* :

Monsieur le rédacteur en chef,

L'*Indépendance belge* m'attribue une démar-
che auprès de M. Gambetta que je n'ai point
faite, et elle me prête à cette occasion, sur M.
de Bismark et sur la paix, des discours que
je n'ai point tenus.

Il est vrai, du reste, qu'avec presque tous mes amis politiques, *je déplore comme un grand malheur et pour la défense du pays et pour l'établissement de la République*, que la représentation nationale n'ait pas été convoquée le lendemain de la chute de l'Empire, et que, pour des causes secondaires, *elle ait été ajournée indéfiniment*.

Je suis de ceux qui ont foi dans le principe républicain, et qui ne croient pas que, en face des difficultés et des périls, il faille le voiler.

Je suis plein de confiance dans le gouvernement du pays par lui-même, *je n'en ai point dans la dictature, et je ne reconnais qu'à la nation le droit de disposer de ses destinées.*

Et le 6 janvier 1871, au *Progrès de Lyon* :

Il est évident que ceux qui s'obstinent à ne pas préférer pour la défense du pays et pour la fondation de la République *une dictature et un gouvernement personnel à une représentation de la nation elle-même, et qui refusent d'admettre qu'on puisse disposer des plus grands intérêts d'un peuple sans son consentement et sans son concours, ne sont pas républicains*, et puisque c'est vous, monsieur, qui dispensez les brevets de républicanisme, vous faites bien de leur retirer ceux qu'ils ont usurpés.

Ni libéral, ni républicain : les copulations actuelles de M. Gambetta et de M. Grévy n'effaceront pas ce verdict, acquis à l'histoire.

Reste l'homme de gouvernement. En jugeant son génie politique, administratif et financier, pièces en mains, nous l'avons jugé. En deux mots, c'est le signataire du Pacte de Belleville. Le 8 mai 1869, il contractait avec les comités radicaux de la 1re circonscription de Paris, composés des hommes qui vingt-deux mois plus tard firent la Commune, le pacte, dont je détache en courant, mon cher ami, quelques clauses :

Démocratie radicale.

Délits politiques *de tout ordre* déférés au jury.

Liberté de la presse absolue.

Liberté de réunion sans entrave, avec faculté de discuter *toute matière religieuse, philosophique, politique et sociale.*

Liberté d'association entière.

Suppression du budget des cultes.

Séparation des Eglises et de l'Etat.

Instruction primaire *laïque*, gratuite et *obligatoire.*

Suppression des octrois, des gros traitements, des cumuls.

Modification de notre système d'impôt.

Nomination de tous les fonctionnaires publics à l'élection (!!).

Suppression des armées permanentes.

Abolition des priviléges définis par ces mots : Prime à l'oisiveté (?)

Réformes touchant au problème social.

Le 22 avril 1873, à Belleville, dans son

oraison *Pro Barodet*, M. Gambetta confir-
mait ces engagements. Le 23 avril 1875,
à Belleville encore, s'écriant : « *Eh ! bien
non, je n'ai pas coupé ma queue* », il rappe-
lait les stipulations du contrat de 1869, et
demandait avec confiance à ses commet-
tants : « *Le contrat tient-il toujours?* » Il
tenait alors, il *tient toujours*. Quelles que
puissent être les conséquences de l'association, M. Gambetta n'en décline aucune. Le véridique et émouvant récit de M.
Maxime Ducamp dans la *Revue des Deux-
Mondes* nous apprend que le 12 avril 1871,
le vertueux et austère Delescluze dit, en
séance de la Commune de Paris, à Raoul
Rigault : « Je suis surpris que Gustave
Chaudey ne soit pas arrêté. » Le 13,
Chaudey était arrêté; le 23 mai, il était
fusillé par Raoul Rigault, sans l'ombre
même d'une accusation, et avec cet hor-
rible dialogue : « Rigault, j'ai une fem-
» me, j'ai des enfants. » — « Pas de sen-
» siblerie, je m'en f... » Et M. Gambetta
nous a chanté Delescluze sur une tombe.
La voyez-vous, mon ami, dans ce fait de
détail, la chaîne qui les lie les uns aux
autres, — et comment M. Thiers couvre M.
Gambetta, qui célèbre Delescluze, qui fait
appliquer la loi des suspects par Raoul
Rigault, qui fusille ?
  Le voilà sous tous ses aspects, mon
ami, ce M. Gambetta, dont on ne parlera
plus, quand la France sera sortie de la
crise où elle se débat depuis sept ans avec
angoisse. Je l'ai fait tourner devant vous,

comme ces images qui virent sur un pivot devant le spectateur ébahi. Vous, vous ne me paraissez guère ébahi, plutôt écœuré. Savez-vous pourquoi? C'est qu'au dessus de tout cela, et l'expliquant, je suis frappé de ce trait: l'homme *n'est pas sincère*. Le *Times* a raison: « *le moins convaincu de tous.* » C'est pour cela qu'il n'a pas appliqué, au pouvoir, une seule des théories dont il se gargarise. C'est pour cela qu'il prêche l'affranchissement du prolétariat avec valet de chambre, hôtel et voiture. C'est pour cela qu'il est opportuniste en politique, à la commission du budget, et dans l'art de lâcher les amis compromettants. Proudhon, dans sa *Correspondance intime*, a laissé échapper dans une lettre du 3 mai 1860 à son confident Charles Beslay cet aveu navrant: « J'ai vécu, j'ai travaillé » quarante ans dans la pensée de la liber- » té et de la justice, et je n'aurai servi » qu'à hâter la servitude générale et la » confusion. » M. Gambetta, lui aussi, aura passé en ne faisant que le mal, mais sans la sincérité du vieux lutteur. Quelqu'un me contait, il y a deux ans, avoir demandé un jour à M. Laurier: « Enfin, » voyons, Laurier, vous qui connaissez » Gambetta à fond, dites-moi donc entre » nous ce que c'est?— Mon cher, je vous » jure... eh! bien, je vous jure que ce » n'est qu'un imbécile. » Dit ou non, le mot n'est pas exact, et peint mal M. Gambetta.

N'êtes-vous pas d'avis maintenant qu'à lui et à ses candidats, nous n'avons qu'une réponse à faire, le cri de la séance du 16 juin : « Avez-vous réglé vos comptes ? » Comprenez-vous maintenant qu'au lendemain de sa ridicule élévation , son pays natal, à qui on eût pardonné quelque illusion sur un produit du crû, ait nommé spontanément à l'Assemblée par 33,000 bulletins écrits en hâte à la main le comte Joachim Murat, puis M. de Valon, puis M. Dufour, c'est-à-dire l'expression la plus énergique de ses répulsions pour M. Gambetta ? Quoi ! c'est lui, l'homme de Tours, de Bordeaux, de Saint-Sébastien, de Belleville, traînant un boulet impossible à secouer, que la France préférerait au loyal soldat qui a versé son sang pour la défendre, qui l'a arrachée aux assassins de 1871, et qui la protége ? Mon ami, je ne le crains guère. Regardez-les, et vous ne craindrez pas plus que moi Giboyer, ni la clique bruyante, mais bien décatie, de Giboyer.

X.

DONC , ACHEVONS LE BAIL.

Donc, mon cher ami,—puisque les coalisés nous offrent pour succéder au Maréchal, et dans des hypothèses inconstitutionnelles , par conséquent périlleuse⁵. M. Grévy, M. Thiers , M. Gambetta, — à une aventure avec M. Grévy le pseudo-sage, avec M. Thiers octogénaire et mené par les radicaux,avec M. Gambetta bohême sans talent et confident de M. Ordinaire, les conservateurs, qu'ils soient monarchistes, républicains, ou neutres comme vous, préféreront ceci : aller avec le Maréchal de Mac-Mahon *jusqu'au bout* du bail contracté pour sept ans par l'article 1ᵉʳ de la loi du 20 novembre 1873.

Le 24 mai 1873, l'Assemblée Nationale,— excédée comme nous tous de M. Thiers, des caprices séniles de ce pouvoir personnel sans égal , de cet entêtement dans quelques vieilleries économiques, de cette désertion furtive , mais chaque jour plus visible, de tous les intérêts religieux, moraux , sociaux, — appela au pouvoir présidentiel le Maréchal de Mac-Mahon. Entre l'élu et la France représentée par mandataires légaux, le « contrat », comme le dit M. Gambetta , s'établit par la réponse du Maréchal :

« Messieurs les représentants

» J'obéis à la volonté de l'Assemblée,dépositaire de la souveraineté nationale, en acceptant la charge de président de la République. C'est une lourde responsabilité imposée à mon patriotisme. Mais avec l'aide de Dieu, le dévouement de notre armée, qui sera toujours l'armée de la loi, l'appui de tous les honnêtes gens,nous continuerons ensemble l'œuvre de la libération du territoire et du rétablissement de l'ordre moral dans notre pays. Nous maintiendrons la paix intérieure et les principes sur lesquels repose la société.

» Je vous en donne ma parole d'honnête homme et de soldat. »

Ma foi, mon cher ami, je ne m'y connais peut-être pas, en fait d'éloquence ; mais j'aime mieux ces courtes paroles si simples d'un homme qui croit ce qu'il dit que les pathos jacobins et les *sesquipedalia verba* peu convaincus de Rabagas. Je suis peut-être arriéré en fait de politique : mais j'aime mieux ce contrat-là que celui de Belleville. Je vous ai mis sous les yeux celui de Belleville, qui *« tient toujours »*. M. Gambetta l'affirme : comparez sur pièces. Ceux qui pensent comme moi sont nombreux, croyez-le, et ce ne sont ni les plus sots, ni les moins honnêtes. En l'état de ce pays, hélas! si misérablement divisé, — et qui serait si fort, et qui pourrait redevenir si grand, s'il n'était pas divisé, — puisqu'il ne paraît pas s'y être formé encore un courant décisif vers une organisation définitive, seule susceptible de lui rendre la puissance perdue, — je m'en tiens au syndicat présidé jusqu'en 1880 par le Maréchal, loyal dépositaire de l'ordre, que le dévouement certain de l'armée aiderait à remplir sa tâche s'il en était besoin.

Depuis quatre ans, la présence du Ma-

réchal au pouvoir a suffi, malgré des concessions politiques et parlementaires dont
il avait sans doute calculé d'avance le
point *maximum*, pour empêcher l'action
révolutionnaire de troubler la paix publique. Le jour où il a cru que toute concession nouvelle menacerait réellement « *les
principes sur lesquels repose toute société*, » il a, dans la plénitude de ses attri-
butions légales, sous sa responsabilité devant le pays, dénoncé la situation, et remis à la France le soin de répondre. C'est
ma conviction que nous tous, qui sommes
Français et conservateurs *avant tout*, —
j'entends conservateurs au sens le plus
élevé de ce noble nom, que les railleries des
plaisantins rouges n'ont pas abaissé, —
nous avons pour devoir de répondre : Oui,
à l'heure présente, le Maréchal de Mac-
Mahon, dans les conditions où la loi constitutionnelle de 1873 a organisé son gouvernement, est l'homme qui *peut le mieux,
s'il le veut sans faiblir*, nous conserver ces
biens sans prix, l'ordre et la liberté sous la
loi. Par nature, par instabilité inévitable,
par sa présidence perpétuellement expo-
sée aux compétitions des partis, par ses
lois mobiles, par les utopies sociales en-
tretenues, par l'antagonisme des classes
avivé, par les luttes de factions plus ar-
dentes, la République est en France un
gouvernement faible, où une vigueur particulière est indispensable. Cette vigueur,—et la faculté même de l'avoir, —
ni M. Grévy, ni M. Gambetta, ni M. Thiers

ne nous l'offrent au même degré que le Maréchal. Donc, achevons le bail.

Et à la fin du bail? disent les esprits inquiets ou ahuris, les nombreux frères de Gribouille qui se jetait à l'eau de peur d'être mouillé. Et après 1880 ? — Après 1880, on verra. Qui peut prévoir avec certitude où en sera au juste l'opinion publique en 1880 ? D'ici-là, si nous savons mettre au pouvoir des gens honnêtes, capables, et fermes — cette troisième qualité n'est pas la moins nécessaire des trois, — nous aurons raffermi l'ordre, réorganisé l'administration, ranimé le travail en ranimant la confiance. Trois ans ! et trois ans en République ! savez-vous, mon cher ami, que c'est quelque chose ? N'aimez-vous pas mieux les assurer, que les livrer aux expériences de l'illustre M. Gambetta, tirant comme ce spirituel Lemercier de Neuville les ficelles d'un Thiers réduit aux rôles de *pupazzi ?*

Disons et répétons au suffrage universel, qu'on cherche par des mensonges sans frein à abêtir :

L'article 1er de la loi du 20 novembre 1873 porte textuellement que « *le pouvoir* » *exécutif est confié pour sept ans au Maré-* » *chal de Mac-Mahon, duc de Magenta, à* » *partir de la promulgation de la loi,* » c'est-à-dire du 23 novembre 1873 au 23 novembre 1880. Si vous envoyez à la Chambre des Députés une majorité hostile au Maréchal investi par ce pacte incommutable, vous ouvrez une série ininterrompue de conflits. De quelle façon cela se terminera-t-il ? Chacun a son opinion là-dessus : où tous s'accordent, c'est sur la certitude de la crise, car vous aurez organisé la crise. L'ordre, la paix publique, la paix extérieure, les intérêts, la liberté légale, se tireront de là comme ils pourront.—Si au contraire, vous avez l'habileté et l'énergie de reprendre aux radicaux les 98 ou 99 siéges nécessaires pour constituer une majorité conservatrice, —et il ne vous faut pour cela que l'UNION, —tout danger s'efface. Le pouvoir exécutif, personnifié dans le Maréchal, et le pouvoir législatif, c'est-à-dire le Sénat et la Chambre des Députés, sont absolument d'accord jusqu'au 23 novembre 1880, ce qui me paraît être une date bien voisine de 1881.

Une paix assurée, indéniable pour nos adversaires même en cette hypothèse, de 1877 à 1881, n'est-ce rien ? Mais avec la République en France, on est bien forcé d'ignorer les longs espoirs, les confiances sans limite, et de vivre au jour le jour, et de se contenter d'une existence précaire, sans «prévoir les malheurs de trop loin», en avisant au mieux selon les événements et l'opinion. Trois ans, dans ces conditions, ce n'est pas rien, mon cher ami. Si les républicains étaient intelligents, si surtout ils étaient sincères, c'est eux qui devraient payer à tout prix la chance de faire ainsi marcher leur mécanisme un peu longtemps, sous les ap-

parences d'un pouvoir régulier. Mais c'est
bien le moindre de leurs soucis. Ils ne
conçoivent, ils ne rêvent, ils ne veulent
organiser, eux, qu'une république, celle
qui *phylloxérerait* les forces religieuses,
sociales, conservatrices de notre chère
vieille France : la *respublica vastatrix*.

XI.

L'EFFORT DE LA COALITION. LES CALOMNIES.

Eh oui ! mon ami, il n'en pouvait être
autrement, s'en étonner serait duperie.
Le mouvement soudain et énergique de
l'armée conservatrice sous le commandement du Maréchal contre les envahisseurs
radicaux devait rencontrer des résistances désespérées. Cela dure depuis le
17 Mai, cela ira croissant jusqu'aux
élections : toutes les violences agitées,
toutes les menaces brandies, toutes les
ruses et les subtilités épuisées, mille ma-
néges rageurs, l'exploitation de plus d'un
côté mauvais de la nature humaine ou du
tempérament national, l'excitation à la révolte de tous les insubordonnés, de tous les
ratés, de tous les haïsseurs. Dans ce tour-
billon de clameurs et de sophismes soulevé
avec le dessein d'étourdir et d'aveugler les
crédules, les badauds, les illettrés, les esprits
faux ou faibles, il y a la part des calomnies, et la part des simples objections.

J'appelle calomnie l'accusation jetée au Maréchal d'avoir enfreint la légalité. L'article 2 de la loi du 16 juillet 1875 lui attribue la faculté d'ajourner les Chambres pendant un mois : il a ajourné les Chambres pendant un mois. L'article 5 de la loi du 25 février 1875 lui confère le droit de dissoudre la Chambre des députés, sur l'avis conforme du Sénat : il a dissous la Chambre des députés élue le 20 février 1876, conformément à l'avis du Sénat. — Mais, dit-on, c'est de la légalité stricte, et non de la légalité vraie. Parbleu ! qu'un chef de gouvernement, à une heure critique de la direction d'un peuple, sorte de la lettre de la loi, celui-là même lui opposera « la légalité stricte », qui oppose aujourd'hui contre le Maréchal à la « légalité » stricte » une « légalité vraie. » Croyez-vous, mon ami, les trouver jamais en défaut ? En fait de légalités, il n'y en a pas deux, n'est-ce pas ? il n'en est qu'une, et nous nous y tenons.

J'appelle calomnie cette allégation quotidiennement ressassée par la *République française* et ses succédanées de province, qu'il s'agit dans la partie engagée « de la » lutte de la société moderne contre l'an-» cien régime. » Que vous semble-t-il, mon cher ami, qui puisse bien revivre de l' « ancien régime » si le Maréchal est suivi par une majorité conservatrice, et vous estimez-vous menacé de battre les étangs si nous reprenons 98 siéges à la Chambre ? Mauvaise foi ou niaiserie, est-ce

l'un ou l'autre qualificatif que mérite une
déclamation aussi ridicule?

J'appelle calomnie ce grief lancé et ré-
pandu par toutes les voies contre le ministère du 16 mai : cléricalisme. Non
vraiment, mon ami, l'*Univers* est en droit
de se récrier, M. de Fortou et M. de Broglie ne sont pas si « ultramontains » que
cela. Les plaintes des catholiques n'a-
vaient d'autre cause que les tendances
oppressives et les mesures iniques de l'Assemblée dissoute contre la liberté religieuse de la majorité des Français : la
cause disparaissant, l'effet a disparu. Du 16
mai au 4 août, apercevez-vous beaucoup
d'empiètements « ultramontains » sur les
droits de la société civile? Si attentive-
ment que MM. Jules Simon et Léon Gambetta, ces gallicans incomparables, aient
surveillé les actes du cabinet, aucun de
ces actes a-t-il justifié la dénonciation de
l'effroyable « péril clérical »? M. Sauves-
tre répondait à son protégé, le radical Autier, l'assassin du préfet de la Drôme :
« Les tribunaux et le conseil d'Etat se
» valent, tout cela dépend de la société
» de Saint-Vincent-de-Paul. » Le « péril
clérical » est un peu de la même force.
Ceux qui crient cela sont des politiques de
l'élévation de vues du protecteur d'Autier,
ou ne croient pas un mot de ce qu'ils
crient, et se veulent que susciter certaines
basses passions à l'intérieur du pays, certaines susceptibilités au dehors. Les radicaux de la Commune de 1871 préférèrent

brûler Paris que le rendre à l'armée de la
France : par un sentiment qui n'est pas
sans parenté avec celui-là, certains haïsseurs forcenés du catholicisme se résigne-
raient plutôt à la voir allemande, notre
France, que « cléricale », et ils nous ont
démontré que « cléricale » dans leur *Dic-
tionnaire des synonymes* équivaut à « catholique. » Rappelez-vous, mon ami, ces
lignes significatives, que le *Bien public* se
faisait adresser de Berlin :

«Nous laisserons la France se gangrener de
cléricalisme tant qu'elle voudra , mais nous
ne la laisserons point pourrir l'Europe. »
Telles sont les paroles que l'on prête à M. de
Bismark. De tout ce que je sais des hommes et des choses, je puis tirer une conclusion et vous dire : « N'ayez point peur du
cléricalisme en France, car le jour où vous
serez définitivement inféodés aux Jésuites *et
où votre linge sera suffisamment embrené,* LES
ALLEMANDS SE CHARGERONT DE LA
LESSIVE. »

J'appelle calomnie—et celle-ci est voisine de la précédente—cette parole criminelle de M. Gambetta le 17 mai :
« L'acte du 16 mai, c'est la préface de la
» guerre. » Par la tribune d'abord, puis
par la presse, demain dans les réunions
publiques si on le souffre, les coalisés, ris-
quant sans frémir la sécurité de la patrie
au profit de leurs calculs électoraux , ont
joué, et jouent, et joueront ce jeu : créer

à l'étranger des soupçons, des méfiances,
des alarmes, des hostilités, puis se retourner vers la France, et lui faire peur de cela, qui est leur œuvre. Nous les avons vus
organisant — car eux aussi ont leur *fonds
des Reptiles* — tout un va-et-vient de jour-
nalisme, un mécanisme d'échos et de ré-
percussions. La *République française* de
M. Gambetta, le grand patriote, après
avoir le 15 juillet cité un article du *Pun-
golo* napolitain concluant que le succès du
Maréchal serait la guerre, ajoutait :

C'est du reste ainsi que la presse alleman-
de envisage la question. En effet, si la Fran-
ce hésitait, LA PRUDENCE CONSEILLE-
RAIT A L'ALLEMAGNE ET A L'ITALIE DE
PRENDRE L'INITIATIVE D'UNE LUTTE
QU'AUCUNE FORCE HUMAINE NE POUR-
RAIT PLUS EVITER.

M. Challemel savait pourtant l'exacte
portée des agressions de certains organes
de la presse étrangère, lui le confident de
M. Ranc, l'ami de feu Simon Deutsch et
de M. Etienne, lui le signataire de ce télégramme du 9 novembre 1870 à M. Gambetta :

Je suis en mesure de faire agir assidûment
et peut-être très efficacement par influences
privées sur les femmes dans les cours de
Vienne et de Saint-Pétersbourg, Londres et
même Berlin. *Je puis également obtenir des articles fréquents dans nombreux journaux étrangers.*

Si vous voulez user de ce genre d'action, fai-
tes-moi savoir sans retard dans quel sens il
faut l'exercer. J'attends, à ce sujet, une dépêche immédiate et une lettre de Spüller qui
renfermera plus amples instructions. — *P.
Challemel-Lacour*.

Manœuvres de la même famille, que
toute cette fantasmagorie récente de
journaux étrangers; mais manœuvres im-
pies, car elles pouvaient faire naître le
danger. Que n'ont pas tenté, dans cette
voie d'alarme par la crainte de la guerre,
les coalisés? Le *Bien Public* et le *Radical*
ne se sont-ils pas fait frapper par la Justice pour avoir inventé des réquisitions
de chemins de fer liées à une mobilisation
prochaine? Où en est tout cela, mon ami?
Le temps déjà a passé dessus. La politique d'abstention, de réserve, de neutralité, que tout bon français croit actuelle-
ment la seule possible pour la France, est
demeurée intacte du côté de l'Orient, au
pied des Alpes, sur les Vosges. L'Italie a
conclu le 8 juillet un traité de commerce
avec ce cabinet qui la devait attaquer, et
rien n'a altéré nos relations avec l'Allemagne. La paix! n'est-elle pas la première préoccupation du Maréchal, de ses
conseillers, des partis conservateurs? Elle
serait gravement compromise, mon ami,
le jour où prévaudrait le «fou furieux»
des outranciers, qui a dit qu'il ne recon-
naissait pas le traité de 1871, et que la
cession de l'Alsace-Lorraine était nulle et

non avenue, — le jour où renaîtrait un
pouvoir condamné à vivre de frénésies et
d'aventures,—le jour où les Etats monar-
chiques dont l'Europe est faite à peu près
toute entière seraient menacés par les
prosélytismes de la république radicale
qui conspire en Italie contre la maison de
Savoie, en Angleterre contre Victoria, en
Russie contre le czar, en Espagne contre
Alphonse XII, en Allemagne même avec
les socialistes de Berlin contre Guillaume.

Calomnies donc, mon cher ami, que
tout cela, calomnies odieuses si elles
n'étaient surtout dignes de risée. Dans
son discours de Bourges, le Maréchal les
a repoussées du pied, avec dédain. Elles
sont inspirées par une si évidente mauvaise foi, qu'elles ne méritent pas d'autre
réponse. Laissons les calomnies, et
voyons les objections.

XII

LES OBJECTIONS.

Je n'avais pas trop présumé, mon ami,
de votre loyauté de neutre : les calomnies
des coalisés, — l'illégalité, l'ancien régime,
le cléricalisme, la guerre, — vous paraissent répugnantes et, qui pis est, bêtes.
Aussi froidement, une à une, je voudrais
peser devant vous leurs objections, si nom-

breuses qu'ils les produisent sous mille aspects mobiles, -- me bornant à placer en face de chacune la réponse précise et topique, celle qui suffit quand le contradicteur est de bonne foi, et dont rien n'accroîtrait l'effet quand il ne l'est pas. Car, en tout sujet soumis à dispute humaine, la raison raisonnable une fois donnée, j'entends celle qui détruit et emporte le grief, ou elle convainc, ou ratiociner longuement est inutile. Voyons-les donc, ces objections, en la forme résumée et familière sous laquelle vous les entendez sans cesse exposer autour de vous soit par les intéressés , soit par cette race bizarre de conservateurs déroutés, anémiques et inquiets que nos révolutions successives ont fait pousser sur notre sol.

1° *L'acte du Maréchal, et les conséquences qui s'en déroulent, sont venus troubler le fonctionnement régulier de la Constitution de 1875.* — Qu'est-ce que le fonctionnement régulier d'une constitution ? Le jeu normal de ses rouages par l'accord des pouvoirs publics. Depuis les élections du 20 février 1876, quand peut-on dire que les trois pouvoirs fondamentaux, le Maréchal président septennataire, le Sénat, et la Chambre des députés aient été d'accord ? Jamais. Pourquoi ? A notre avis, à nous, parce que la Chambre chercha, dans les plus minces questions comme dans les plus hautes , à abaisser devant elle les deux autres pouvoirs. Le Maréchal, — à

qui on avait juré que la Constitution une
fois acceptée, les républicains se sépare-
raient des radicaux et leur tiendraient tête, — marqua qu'il le croyait, qu'il le voulait croire, en appelant dans ses conseils
M. Dufaure, M. de Marcère, M. Jules Simon lui-même : loin de rendre aux tendances, aux convictions conservatrices
notoires du Président, concession pour
concession, la Chambre se servit de celles
du Maréchal pour empiéter de plus en
plus sur l'exécutif, et couvrir les chemi-
nements du radicalisme. Des conflits sur-
girent avec l'autre facteur du pouvoir législatif, le Sénat. Entre l'esprit radical et
l'esprit conservateur, la lutte s'engagea
légalement, tantôt sourde, tantôt avouée:
on vit des propositions, lancées par le
groupe propulseur de la majorité, subies
par les groupes dits opportunistes ou modérés, tenter de bouleverser notre organisation sur le régime financier, sur le
service militaire, sur le jury, sur le droit
de réunion et d'association, sur la presse,
sur la liberté religieuse. Violant la clause
révisionnaire de la Constitution, la Chambre faisait en toute chose du définitif il-
légal, et au bénéfice des radicaux. Voilà
notre explication, à nous, du désaccord.
Mais qu'on l'admette, ou qu'on en suggè-
re d'autres, le fait du désaccord était certain. Loin de troubler le jeu des institu-
tions, le Maréchal, n'usant pour cela que
d'un droit strictement constitutionnel, a
demandé au suffrage universel de réta-

blir entre les pouvoirs publics l'équilibre
nécessaire.

2° *Du moins la rupture est venue trop tôt.
Cette Chambre n'était pas bien mauvaise.
Mieux eût valu la laisser évoluer jusqu'au
terme de son mandat, une réaction se serait
naturellement produite.*—En ces termes,
l'objection ne révèle pas une trop profon-
de sympathie pour nos maîtres de 1876.
On ne diffère que sur le moyen de leur
ôter le pouvoir de nuire. Mais il n'y a rien
de sérieux dans l'argument : un sentiment de lâche indécision l'inspire, com-
pliqué de la manie du parisien attiré aux
frondes, et qui estime toujours que lui,
s'il était le cocher, aurait mieux conduit
l'attelage. Radicalisme latent, dit-on, et
on s'essouffle à railler. Radicalisme pa-
tent, mon ami, en dépit de ses astuces.
Que devait donc attendre le Maréchal ?
Que toutes les avenues fussent gardées,
— tous les postes pris, — lui-même gar-
rotté avec des respects menteurs,—l'administration envahie,—l'esprit public dé-
voyé,—la propagande radicale organisée
partout par les bibliothèques populaires
et le colportage,—les hommes d'ordre dé-
couragés jusque dans le moindre bourg
par sept ans de luttes vaines et l'abandon
du pouvoir,—le dernier des 2865 cantons
pourvu d'un conseiller général, d'un juge
de paix et d'un commissaire de police
radicaux,—la dernière des 36,000 communes terrorisée par un maire rouge, —

la presse conservatrice dégoûtée, — la
«prêtraille» conspuée, — le magistrat dé -
pouillé de l'inamovibilité, — le soldat gagné d'avance par les sophismes au rôle
de «crosse-en-l'air», —les génies de 1793
réhabilités, — des minorités sans intérêt
maîtresses de tous les terrains désertés
par les abstentionnistes, — la majorité
déplacée au Sénat,— et toute résistance
à l'invasion sans point d'appui nulle part?
Attendre que tout cela, qui se faisait peu
à peu, jour par jour, fût consommé? Mais
alors on eût crié que c'était «légal» !

Certes l'inaction eût été facile au Maréchal. Nos fiers républicains de 1877 nous
apprennent chaque matin qu'ils ne lui
eussent rien marchandé en échange.
Mais de même qu'au-dessus des lois écri-
tes il y a une loi éternelle, ce vieux soldat honnête homme s'est dit qu'au-dessus
des responsabilités parlementaires, il est,
quoi qu'en pense Gorgias, une responsabilité plus haute pour les conducteurs de
peuples. Quoi! parce que le 17 mars 1871
la Commune de Paris était du « radicalisme latent, » M. Thiers,—qui la niait encore le 19 à Versailles, comme il prophé-
tisait la victoire de M. de Rémusat tandis
qu'on lui soumettait les premiers résultats
de l'élection Barodet, — n'eût pas fait
mieux de la prévenir? Parce qu'en 1877
M. Thiers chaperonne M. Duportal, et déclare ne pas s'effrayer du « radicalisme
latent » de M. Duportal, cela empêche-t-il
que le 28 mars 1871 M. Thiers ait dû

faire expulser de Toulouse le même M.
Duportal « comme l'oppresseur à la fois
» ridicule et odieux de cette grande cité, »
—et parce que M. Thiers a changé d'ad-
jectif au regard de M. Duportal, M. Duportal, concurrent de Rochefort au *Mot
d'Ordre*, a-t-il changé de radicalisme ? Six
ans après 1871, Paris encore obstrué de
ruines noires, —et vous me disiez à Paris
même, il y a vingt jours, quelle sombre
tristesse vous donnaient ces spectres, —
M. de Girardin sourit d'un autre spectre,
le « rouge, » et M. John Lemoinne du «radicalisme latent. » Ont-ils donc un secret ?
et si oui, pour Dieu ! qu'ils vous ouvrent
leur sac ! Ou simplement appliquent-ils
la politique bourgeoise ainsi définie par
un humoriste mort naguère : « supposez
» un vase qui, se jetant lui-même d'un
» cinquième étage, s'étonnerait de se bri-
» ser, puis, une fois raccommodé, se re-
» jetterait de nouveau pour se rebriser, se
» r'étonner et recommencer toujours ainsi
» avec la même stupidité suivie de la
» même stupéfaction » ? Au fait, si pour
cesser pendant six mois de railler le radicalisme latent, il faut Paris incendié, Marseille bombardé, les sergents de ville jetés
à l'eau, les gendarmes égorgés, les ôta-
ges fusillés, la liquidation sociale ébau-
chée, trente mille français s'entretuant,
trouvez-vous pas, mon ami, que c'est trop
cher, et si l'on peut surprendre le radicalisme en flagrant délit de formation, cette
politique vous indigne-t-elle ?

3° *Mais le radicalisme, dont les conservateurs et le Maréchal déclarent ne vouloir
ni pour aujourd'hui ni pour demain, n'est
pas cela. Il ne faut point attacher au mot
plus de portée qu'il n'en a.* — Le radicalisme aboutit à cela même. Rochefort, le
Rochefort de la Commune, ne rédige-t-il
pas les moniteurs du radicalisme actuel?
Le *Mot d'Ordre* ne criait-il pas hier aux
prolétaires : «Vous êtes le nombre, donc
la force, vous êtes la misère, donc le droit,»
et le *Soleil* ne répondait-il pas avec raison : «Le pays où ce langage est impuné-
» ment tenu, et qui ne croit pas au péril
» social, est frappé de vertige.» ? Quant
au radicalisme officiel, parlementaire, lui-
même, qu'est-il? Précisons. En matière
sociale, le radical veut refondre les lois
organiques de la famille, établir le divor-
ce, supprimer directement ou indirecte-
ment par l'impôt excessif l'hérédité, at-
teindre ainsi la propriété individuelle, et
en outre dans ce qu'il nomme les parasi-
tismes. En matière pénale, le radical veut
abolir la peine de mort, sauf à l'excuser
en politique, affaiblir de plus en plus la
répression, ouvrir la porte à mille utopies
périlleuses pour la sécurité collective. En
matière judiciaire, le radical veut ôter l'i-
namovibilité au magistrat, puis le sou-
mettre à élection. En matière religieuse,
le radical veut séparer tout d'un coup l'E-
tat de l'Eglise, gêner cependant par des
combinaisons variées le culte de l'immense majorité des Français, détruire les or-

dres religieux,expulser la corporation des
Jésuites au nom de la liberté, substituer
l'instruction laïque et obligatoire à la liberté de l'enseignement, supprimer le
budget des cultes, quoique ce budget
soit une dette consentie à la suite de la
sécularisation des biens ecclésiastiques.
En matière nationale, le radical veut
licencier les armées permanentes , seule
garantie de la sécurité intérieure et extérieure, et instituer la fédération des Etats·
Unis d'Europe sans souci de ce qui en
sortira pour la France. En matière financière, le radical veut biffer les impôts indirects, bouleverser l'assiette de toutes
nos contributions, supprimer la patente,
les prestations, imposer le revenu avec
M. Gambetta et le capital avec M. Ménier.
En matière politique, le radical veut faire
tomber toutes les limites d'intérêt général aux libertés de la presse, de l'enseignement, de réunion, d'association, livrer
toutes les fonctions publiques à l'élection,
etc. Voilà, sans parler de l'amnistie des
incendiaires de 1871 érigée en *droit* pour
eux, ce qu'est le radical, non pas même
de demain, mais d'aujourd'hui, non pas
d'après ma conception propre, mais d'a-
près les déclarations publiques , les
« *contrats*, » les mandats impératifs, les
« *cahiers* » de MM. Gambetta, Bresson,
Girault, Clémenceau, etc. C'est très-suf-
fisant pour que tout français y voyant clair
n'en veuille pas plus que le Maréchal.

Que vous semble de ces objections ,

mon ami ? A une prochaine lettre, les
autres : elles ne tiennent pas davantage
devant le bon sens.

XIII.

ENCORE LES OBJECTIONS.

Je continue, mon cher ami, si vous le
voulez bien, d'égrener sous vos yeux les
objections des coalisés. Où en étions-
nous? A la quatrième : nous sommes gens
consciencieux, et n'en passerons aucune,
j'entends des principales.

4° *Les conservateurs appellent radicaux
M. Thiers et les adhérents du Centre-Gauche : or tous les esprits impartiaux savent
que cette désignation sur de tels hommes est
absurde.* — Il est faux qu'aucun de nous
appelle radicaux M. Thiers et les adhérents du Centre-Gauche. Cela est si faux,
qu'au contraire nous puisons précisément
leur condamnation dans le dissentiment
impossible à combler qui, les séparant des
radicaux, ne les empêche point de servir
les radicaux. Nous disons ceci : très peu
importe au pays que ces illogiques ou ces
ambitieux ne soient pas des radicaux, si,
rééditant l'éternelle histoire des Giron-
dins, sans la générosité des illusions, ils
s'associent aux radicaux, à M. Marcou, à
M. Germain Casse, à M. Clémenceau, à

M. Greppo, à M. Naquet, à M. Ordinaire, à M. Duportal, — si, persuadés avec la plus ridicule infatuation qu'ils seront *digue*, ils sont *pont*.

Est-ce nous qui imaginons cela? N'est-ce pas les coalisés hybrides qui se targuent de solliciter « *au même titre* » les suffrages des mêmes électeurs? Le 7 août, dans le comité qui s'est réuni rue Chauchat, au *Siècle*, pour organiser la souscription électorale lancée par le radical M.Ménier, MM. Léon Say, Emile de Girardin, About, Gambetta, Jules Simon, John Lemoinne, ne se sont-ils pas accolés et accotés à M. Vacquerie du *Rappel*, que dis-je? à M Simond du *Mot d'Ordre*, — et le *Mot d'Ordre* n'est-il pas, par M. Rochefort, évadé de Nouméa, l'organe avoué des Nihilistes de la Commune ? Ce *Mot d'Ordre*, que la justice vient de frapper pour avoir précisé sa conception de la réforme sociale en réhabilitant la femme Gras, s'est-il gêné, malgré cette besogne de souscription commune avec M. John Lemoinne, pour dire : « les bourgeois de » l'ordre moral et ceux de la république » honnête ou modérée se rencontrent sur » le terrain de l'exploitation de la vile mul- » titude » ? M. Ordinaire, dans ce *factum* qui confirme par le témoignage des complices tout ce que j'ai dit voilà plusieurs mois déjà de M. Gambetta *calé*, mais *coulé*, ne réplique-t-il pas aux opportunistes : « A » bientôt la revanche, *et ce sera l'avéne-* » *ment du socialisme républicain* »? Or, M.

Ordinaire n'est-il pas de la tontine mer-
veilleuse sur laquelle M.Thiers et ses modérés font miroiter le 363, et calculent-ils
362 parce que M. Duportal a parlé, 364
parce que M. Ordinaire a parlé ? Le 7
août, les *Débats* au contraire n'ont-ils pas
écrit : « *Aucun des adhérents du grand*
» *parti libéral ne désavouera le radicalis-*
» *me* », à l'heure même où le *Mot d'Ordre*
et le *Peuple* signifiaient aux « adhérents
» du grand parti libéral » d'avoir à accepter le programme de Belleville, ou de
ne compter point sur les votes des vrais
républicains? Toutes ces choses promet-
tent-elles que dans les 171 colléges non
habités par un des 363, la coalition sera
maîtresse de porter des modérés? S'il en
est ainsi avant la bataille, que serait-ce
après la victoire ? Dès lors, à quoi sert de
dire : «M.Thiers et les adhérents du Centre Gauche ne sont point des «radicaux? »
Le jour où un 18 mars, mon ami, vous
rapprocherait côte à côte, M. Savary, M.
Léon Renault, M.John Lemoinne, et vous,
sous la dénonciation de Rochefort triom-
phant au *Mot d'Ordre* et les balles d'un
Raoul Rigault, la consolation vous suffi-
rait-elle d'entendre le plus impavide de
vos compagnons vous dire : « Vous le
» voyez, monsieur, votre ami avait tort de
» nous confondre avec les radicaux, puis-
» que les radicaux nous massacrent ? »
Oui ou non, ses guichetiers ou ses fusilleurs de ce jour-là ne seront-ils pas demain parmi les électeurs de la coalition?

5° *Le pays entend se gouverner lui-même, il ne veut plus du gouvernement personnel.* —La phrase est exquise sur les lèvres des cyniques ou des badauds qui applaudirent à notre nez M. Gambetta et M. Thiers, les deux parangons les plus achevés de « pouvoir personnel » que la France ait connus. Rassurez donc, cher ami, ces scrupuleux. La fermeture des tribunaux, l'emprisonnement des juges, la dissolution de tous les conseils représentatifs, la proscription des députés, ou le principat intolérant de tout contrôle, la responsabilité ministérielle traitée de « chi- » noiserie » et l'état de siége perpétué par le théoricien des « libertés nécessai- » res », voilà du « pouvoir personnel. » Le Maréchal n'a pas fait acte « de gouvernement personnel » en dissolvant la Chambre, puisque le Sénat a été constitutionnellement de moitié dans l'opé- ration, et le pays demeure maître de se gouverner lui-même, puisque on le consulte, et que chacun de nous votera comme il lui plaira.

6° *Le délai pris par le ministère pour procéder aux élections générales prouve qu'il n'a pas l'approbation du pays.* —En aucune façon, mais tout uniment que la Constitution donnant au pouvoir exécutif un délai de trois mois pour convoquer les électeurs, sans que la date du scrutin soit nécessairement dans le cercle de ces trois mois, le ministère a préféré laisser au

pays,enlacé dans un réseau de liens par
les cabinets précédents, surtout par celui
du 12 décembre 1876,le temps de se re-
trouver, de se ressaisir, de réfléchir, de
peser les *pours* et les *contres*. Si les coalisés s'en plaignent, cela ne constate que
leur inquiétude de voir le bon sens et la
vérité gagner chaque jour un peu de
terrain,et ne change rien à la question de
droit. Qui nierait d'ailleurs qu'ils se fussent plaints de même,si le ministère avait
renoncé au terme légal?

7° *Exposer le nom du chef du gouvernement à une lutte électorale est fâcheux.* —
Ce n'est pas moi qui contesterai, mon ami,
qu'un état politique où la première magistrature est périodiquement remise aux
aleas de combats dans lesquels on l'attaque sans scrupule, est inférieur à un état
politique où le pouvoir exécutif incommutable pour toujours plane au-dessus
des compétitions des partis.Mais le second
de ces états est le monarchique, et l'autre
le républicain. C'est même un des points
principaux par où la monarchie l'emporte,
même théoriquement, *a fortiori* en pratique. Qu'y pouvons-nous?

8° *Les intérêts ont été et sont encore troublés par la dissolution et l'appel du Maréchal aux électeurs.* — Rien de plus évi-
demment imaginaire. S'il y a eu des intérêts troublés depuis deux mois et vingt-
cinq jours, ils l'ont été par les efforts sans

vergogne de M. Thiers, M. Gambetta et leurs actionnaires, pour semer l'alarme, ne fût-ce que par des bruits de guerre. La passion est telle dans le camp des coalisés, que j'ai vu de mes yeux, mon cher ami, de leurs partisans faire ce jeu à l'encontre même de leurs intérêts privés. Crier à la panique pour tâcher de la faire naître, nul n'est plus dupe de cette tactique, depuis qu'elle a fonctionné sans voile aux mains de M. Ordinaire lors de la crise lyonnaise. Le vrai est que le cabinet du 17 mai a trouvé l'inquiétude répandue partout depuis le remplacement de M. Dufaure par M. Jules Simon, notre système financier menacé, les questions pratiques négligées par la Chambre, les affaires de chemins de fer sérieuses ajournées par le ministère Christophle, et la guerre d'Orient engagée.

Les ministres du 17 mai ne peuvent empêcher les préoccupations du conflit entre la Turquie et la Russie de peser sur les marchés français, comme sur tous ceux de l'Europe : ils ont du moins affermi la neutralité de la France, et à l'intérieur, comment n'assureraient-ils pas le mouvement régulier des intérêts et du travail, puisqu'ils leur rendent la confiance en un lendemain ? Les vrais commerçants, ceux qui s'occupent de bien mener leurs maisons et non de morigéner les gouvernements, les vrais industriels, ceux qui s'attachent à produire le plus possible, et à rémunérer toujours mieux le labeur de leurs bons ouvriers, non à caresser par lâcheté les utopies des mauvais, savent qu'ils sont servis, et non troublés, par une politique dont le but est ceci : proroger pour trois ans la police d'assurance contre l'incendie. Quant aux autres, il faut les renvoyer au pêcheur à la ligne de Cham : « Toujours la crise ! Le poisson qui ne » vient pas ! le manque de confiance ! »

Croyez-vous, cher ami, les objections des antagonistes du Maréchal épuisées ? Ce serait compter sans une colère d'autant plus désespérée qu'elle se démène et se tord dans le calme profond du pays. Nous avons encore, s'il vous plaît, l'affreux spectacle des candidatures officielles, les leçons de droit des « jurisconsultes », la grande division des conservateurs, le triomphe infaillible des 400 qui en sont à 450, le *quid* gouvernemental en cette hypothèse. Résignez-vous : il faut que vous en ayez le cœur net.

XIV.

LA SUITE DES OBJECTIONS EXAMINÉES.

Juger ainsi la sincérité et le bon droit des coalisés sur leurs objections est d'autant plus expédient et facile, mon cher ami, qu'ils les ont maintenant toutes présentées. M. Gambetta, le 15 août, à Lille, n'a pu que les répéter; elles forment d'un bout à l'autre sa concise et belle harangue, ouverte par cette phrase d'éloquence mélodieuse : « Je ne suis pas encore » parvenu à dominer l'impression *que* » m'a produite subitement cet élan » *qui* vient de vous emporter vous-mêmes » et *qui* fait *que* j'ai senti *que* c'est bien » dans ces étreintes *qu'on* trouve la ré- » compense des efforts *qu'on* a faits », et continuée en des tropes audacieux comme celui des « conservateurs à l'affût de leur appétit. » Quelle langue, mon ami, quel grand orateur ! Ne nous lassons pas de l'admirer. Pour ce qui est de ses objections, on les tournera et retournera sous des vêtements divers : il n'en sera plus produit de nouvelles. N'en laissons aucune de côté.

9° *Le gouvernement n'a pas craint l'opérer des changements dans le personnel administratif.*—Vous avez vu de vos yeux, vous qui êtes mon aîné, la curée de 1848. J'ai vu comme vous les gens de 1871 fauchant au profit de ce que M. Tardieu appelait à Arles « ses loups affamés », et tous de la race de M. César Bertholon qui en dix jours révoqua 121 maires dans la Loire, 34 dans l'arrondissement de Roanne, 26 dans l'arrondissement de St-Etienne, 61 dans l'arrondissement de Montbrison. Et la présidence de M Thiers ! Et les ministères Ricard, de Marcère, Jules Simon ! Ces souvenirs ne sont pas pour vous attendrir sur la rigueur des mouvements administratifs qui suivirent le 16 mai. C'est une spécialité lamentable des pays où l'administration dépend de partis tour à tour vainqueurs que la rotation des charges, et vous souhaitez avec raison que le jour revienne où la France retrouvera les avantages de la permanence des fonctions. Mais encore faut-il que des gouvernants honnêtes ne créent pas cette permanence au profit de gens qui les trahiraient. Hélas! il en reste encore bien assez dans la place, créatures de ces dernières années, qui se gardent à carreau en donnant de ci de là quelque menue faveur à l'ennemi, ou desservent le pouvoir en secret par telle ou telle mesure administrative à dessein nuisible, ici quelque vexation inutile de détail, là quelque revendication domaniale mal à propos réveillée! Le devoir de *loyally*, mais c'est le premier à exiger des fonctionnaires, avec la capacité et l'honneur! Un ministre républicain, mais non radical, avait raison d'écrire le 1er juillet 1849 :

Le choix des fonctionnaires domine tout dans les questions de pouvoir; c'est la garnison que l'on met dans la place. Les partis extrêmes le savent bien, et ils ne laissent échapper aucune occasion de mettre cette maxime en pratique sur une très vaste échelle. Ce que les révolutionnaires avaient projeté contre le parti conservateur, si la Providence leur eût réservé le succès, pourquoi hésiterions-nous à le faire contre eux? Nous n'avons pas le droit de nous montrer généreux envers les vaincus, parce qu'une pareille générosité s'exercerait aux dépens du pays, qui ne veut confier ses intérêts qu'à des mains fidèles. Quant aux vaincus, ils auraient mauvaise grâce à jouer l'étonnement et l'indignation et à nous étourdir de leurs clameurs, lorsque nous appliquons le principe qu'ils nous ont enseigné par leur exemple. Avant tout, un grand peuple est tenu de pourvoir à sa propre conservation. Lorsqu'à la faveur d'une surprise les vendeurs se sont introduits dans le temple, il y aurait de la folie ou de la trahison à ne pas les en chasser au moment ou la société reprend possession d'elle même. Aucune loi ne nous oblige à être dupes, et il y a des choses sur lesquelles on ne prend pas conseil de ses ennemis.

Ce que Léon Faucher disait si justement alors est-il hors de saison en août 1877? Combien plus vrai au contraire, pour qui observe sans illusion combien la défense sociale est difficile et le pouvoir investi !

10° *Le gouvernement annonce le dessein de revenir à l'indigne pratique des candidatures officielles* — Le gouvernement a eu la sagesse de déclarer qu'il ne laisserait pas, comme M. Buffet au 20 février 1876, les radicaux enfarinés surprendre les suffrages des populations loyales en se cou-

vrant du nom du Maréchal. Les radicaux
ont l'air aujourd'hui de dédaigner ce
moyen électoral, ils se proclament heureux de n'avoir plus à se recommander
d'une popularité aussi douteuse que celle
du vainqueur de Magenta : pourquoi s'en
être si fort servi en 1876, que la lecture
de leurs professions de foi à l'heure actuelle est la plus amusante lecture d'été
que vous puissiez vous procurer, mon cher
ami ? En ce moment même, certains fi-
nauds du Centre-Gauche essayent de reprendre, à défaut du procédé, les mor-
ceaux qui en seraient bons, et de jouer ce
jeu en visitant leurs électeurs : séparer le
Maréchal de ses ministres, dauber sur les
uns en se disant attachés quand même à
l'autre. Ces manigances en partie double
seront déjouées, et le pouvoir avouera
hautement les candidats qu'il croit dignes
de la confiance du pays. Ce n'est pas notre faute si, en s'appropriant cette vérité
de bon sens qu'un gouvernement doit
avoir au *minimum* les droits non contestés
à ses adversaires, on justifie les gouvernements qui l'appliquèrent.

Puisque c'est la mode à l'heure présente
de nous montrer en exemple nos vainqueurs, vous souvient-il des paroles que
M. de Bismark prononçait en 1868 devant la Chambre des députés de Prusse :

« Les gouvernements ont le droit, ils ont
le devoir de faire connaître par tout moyen
et organe quel candidat ils désirent voir éli-

re. C'est une conséquence de la liberté du choix des gouvernements, qui ont leurs droits comme les partis. D'ailleurs, les électeurs ont le droit de savoir qui les gouvernements désirent voir élu, parce que beaucoup d'électeurs ont l'intention de voter pour le gouvernement, comme d'autres électeurs veulent voter contre lui. Or, pour que les uns et les autres puissent faire leur choix en connaissance de cause, *il faut que le gouvernement parle* : c'est donc pour lui un devoir autant qu'un droit de faire connaître quel candidat il désire voir élu. »

Et M. de Bismark ajoutait avec cette sorte d'ironie qui est un des traits de sa force oratoire, et qui ne serait pas inutile à des ministres conservateurs en France contre le cynisme des oppositions :

S'il gardait le silence, il pourrait arriver que tel électeur qui aurait voulu voter contre le gouvernement, aurait donné sa voix à un candidat agréable.

En France plus qu'ailleurs, ce *droit* et ce *devoir* incombent aux gouvernements honnêtes. Ni sous une république, où le président est l'élu d'un parti, ni même sous une monarchie, où le souverain ne peut être un pur arbitre de Salente vis-à-vis de factions implacables, le pouvoir ne saurait s'y dessaisir sans imprudence du droit de se défendre, et se désintéresser absolument des élections.

Mais, mon ami, ce qui est incroyable, c'est que le principe des candidatures approuvées et patronées soit dénoncé comme une honte par ceux qui ont tendu à les briser, quand ils furent aux affaires, les ressorts de la candidature officielle dans l'acception la plus abusive du mot.

République de 1848 ?—Le 8 mars 1848, M. Ledru-Rollin écrivait, officiellement s'il vous plaît, à ses commissaires départementaux :

A la tête de chaque arrondissement, de chaque municipalité, placez des hommes sympathiques et résolus. Ne leur ménagez pas les instructions, animez leur zèle. Par les élections qui vont s'accomplir, ils tiennent dans leurs mains les destinées de la France ; qu'ils nous donnent une Assemblée nationale capable de comprendre et d'achever l'œuvre du peuple. En un mot, tous hommes de la veille et pas du lendemain.

Et vous vous rappelez si ces mots d'ordre furent compris, ne fût-ce que contre M. de Girardin, qui fait semblant de croire aujourd'hui à l'ingénuité des radicaux en matière électorale :

Au citoyen ministre de l'intérieur.

« 28 mars 1848.

» Citoyen ministre,

» La candidature de M. de Girardin, combattue avec vigueur par les commissaires du gouvernement, trouve à Bourganeuf des défenseurs ardents et dévoués. Plusieurs fonctionnaires, qui avaient pris part aux luttes des partis d'une manière peu convenable, ont dû être révoqués. Il règne aujourd'hui, à Bourganeuf, une assez grande fermentation. Le conseil municipal de cette ville, composé en grande partie des amis de M. de Girardin, devra probablement être dissous et reconstitué.

» Salut et fraternité.

   » Les commissaires du gouvernement pour le département de la Creuse.

    » LECLERCQ, BOISSIER.»

« Guéret, hôtel Basile, 2 avril 1848.

» Le concours des ouvriers de Paris nous sera nécessaire ; il faut autoriser le c. Malpeyre à nous les envoyer aux frais de la République ; ils prendront le chemin de fer jusqu'à Issoudun ou Châteauroux, et de là ils se rendront à pied dans la Creuse. Ils devront être divisés en colonnes de huit cents, qui partiront à deux jours d'intervalle ; ils seront nourris et logés chez l'habitant, comme les militaires, dans la partie de la route qu'ils devront faire à pied.

» Il faudrait aussi faire avertir l'armée par le citoyen ministre de la guerre de considérer comme nulle et non avenue la liste des candidats qui lui a été envoyée par les commissaires de la Creuse.

» Les ouvriers de Paris nous donneraient deux ou trois mille voix et feraient une active propagande ; les militaires nous en don-

neraient seize cents, et cette masse de vo-
tants, qui déciderait, je crois, des succès des
candidatures, écraserait les citoyens Sallan-
drouze et Girardin.

» CRAMOUZAT (Eugène). »

» 14 avril 1848.

« Citoyen ministre,

» Le dernier état de mes observations me
prouve que le citoyen Emile de Girardin aura la majorité dans l'arrondissement de Bourganeuf, c'est-à-dire non loin de 3.000 suffrages. Toutes les mesures de rigueur n'ont fait
qu'exagérer les sentiments qui le soutien-
nent, et je suis convaincu qu'il fallait agir
dès le 25 février sur le peuple proprement
dit, pour rendre Girardin impossible.

» On ne peut plus vaincre Girardin aujour-
d'hui qu'en jetant dans la Creuse trois ou
quatre mille suffrages au moins. Il faut, en
outre, détacher de lui les populations, en
prouvant immédiatement aux pauvres qu'ils
ont beaucoup à attendre des ennemis de Girardin. A cet effet, vous recevrez, sous le plus
bref délai, une liste de bienfaits justes à jeter dans le peuple de Bourganeuf.

» Je vous demande de faire immédiatement
accorder des fonds pour les ateliers de cha-
rité, de faire annoncer que la route de Bourganeuf à Tulle va être, montée en relais de
poste, enfin qu'une malle-poste d'essai par-
courra immédiatement la route de Paris à
Toulouse, par Bourgane   lle.

» Ed. MADIER DE MO   JAU jeune,
inspecteur général de la   ublique »

« 16 avril 1848.

» Citoyen ministre,

» Comme le temps presse, qu'il est impossible de dresser, sans le concours des maires de l'arrondissement, une liste de citoyens pauvres et estimables, et que les secours que je réclame pour eux me paraissent un des meilleurs moyens à employer pour détrôner une popularité qui ne se soutient que par des menées d'argent, je vous prie, citoyen ministre, de mettre à ma disposition une somme de deux mille cinq cents francs au moins, que je diviserai en bons de cinquante francs, et que je ferai distribuer avec le plus grand retentissement possible au moment où le peuple sera réuni autour de l'urne électorale, en réclamant son concours pour en éloigner un homme qui devrait être antipathique à tous les vrais républicains.

> » Le sous-commissaire de l'arrondissement de Bourganeuf,
>
> » LAUMOND. »

République de 1871 ? — Vous n'avez qu'à ouvrir le recueil des dépêches officielles : depuis les télégrammes des préfets « patronant » les listes en tête desquelles s'étale le nom du ministre, jusqu'au honteux décret des inéligibilités et à la leçon de libéralisme reçue de M. de Bismark, la preuve surabonde.

République de M. Thiers ? — Souvenez-vous des lettres qu'il écrivait, lui, Prési-

dent, pour recommander aux populations
le nom de tel ou tel favori. Souvenez-
vous de la pression exercée par M. Barthélemy Saint-Hilaire, secrétaire de la
Présidence, qu'on appelait «l'infatigable
épistolier », et dont les bureaux étaient
devenus une officine de correspondance
avec tous les radicaux du territoire. Souvenez-vous, pour tout dire, de l'élection
de la Corse.

République des modérés ?— M. Jules
Simon, s'il n'a pas eu l'occasion de prati-
quer sur une large échelle sa doctrine,
s'est nettement déclaré au Corps législatif, sous l'Empire, partisan de la candidature officielle. Et c'est hier, le 21 juin
1876, qu'il s'écriait devant le Sénat :

Je ne cache pas, vous le savez tous, que je
ne me serais pas gêné pour dire aux préfets :
parmi les candidats qui se présentent, en
voici qui sont les amis du gouvernement.

Je crois que c'est le droit du gouvernement. Je pense, moi, que c'est très licite...

Que voyez-vous au surplus en août
1877, mon cher ami, sinon la caste sacrée
des 363 députés et des 130 sénateurs, coalisés en contre-gouvernement sous la présidence honoraire de M. Thiers et la présidence effective de M. Gambetta, ordon-
nant de voter automatiquement pour les
363 noms expédiés de Paris à 363 circons-
criptions ? Et le gouvernement véritable
ne pourrait sans crime désigner aux popu-

lations quels candidats il préfère à ces 363 candidats officiels du contre-gouvernement ? *Le Calendrier électoral de la République française*, par M. A. de Chavagneux, que toute la presse des coalisés prône, n'a d'autre objet, que de présenter à l'adoration de la France les noms des 363 candidats officiels du radicalisme « *au lieu et place des canonisés de l'Eglise.* » Patronés, recommandés, agréés, officiels, qu'est cela ? Canonisés, rien de moins : je ne l'invente pas, mon ami, entrez chez le libraire, et vous vous en passerez la joie pour dix centimes.

XV.

LRS OBJECTIONS, DERNIÈRE SÉRIE.

Pour le coup, mon ami, vous viderez cette fois le sac aux objections.

11° *Contre la politique du Maréchal et de ses ministres, contre les actes de leurs délégués, le pays soutient une admirable résistance légale.* — Pure phrase, mon ami. Le pays n'a jusqu'ici répondu que par une indifférence très dédaigneuse aux excitations des fiévreux coalisés. La langue politique est chez nous un instrument faussé. Vous l'avez remarqué, vous qui avez l'habitude de regarder sous les mots,

quand un orateur ou un publiciste d'opposition en France dit : « Le pays veut
ceci, le pays fait cela... », le pays n'est
pour rien dans l'affaire : ce *modus dicendi*
sans conséquence n'exprime que le regret, la colère, le désir de l'opinant. Le
pays n'a pas une minute depuis trois mois
songé à entreprendre une « résistance légale » contre des actes absolument légaux. La vérité est plus simple, et la voici. Les coalisés, qui abattraient l'arbre
comme le sauvage pour en manger les
fruits, qui s'inquiètent peu d'amoindrir le
pouvoir sauf à n'avoir en mains quand ils
le prennent qu'un ressort usé, ont pensé
que le moyen le plus sûr et le plus pru-
dent (car ils sont prudents) d'attaquer le
Maréchal et ses ministres était de provo-
quer contre les moindres mesures des
délégués du pouvoir une lutte sous les
apparences juridiques. A cet effet ils ont
institué une agence centrale de procès,
qui donne le ton à des sous-agences en
province. Dans cette officine ils n'ont pu
réussir, quoique l'opposition soit chose
bien portée en France, et spécialement au
barreau, à faire entrer aucun des noms
qui eussent pu donner une autorité sé-
rieuse à des consultations de droit politique. Ils n'ont pas eu par exemple M. Dufaure. Ils n'ont eu que des « *préteurs* »
moins accrédités, pour les appeler comme
l'a fait à Lille avec son enflure ridicule
M. Gambetta; et si élégamment que leurs
arrêts soient rédigés par un aimable hom-

me connu de vous, mon cher ami, à qui
vous reprocherez seulement en tout ceci
quelque illusion, la magistrature française n'en paraît point émue.

Ne sourions pas : ces choses sont gra-
ves. Ai-je besoin de vous faire remar-
quer tous les côtés choquants du fonctionnement de cette agence destinée à propo-
ser avec fracas aux citoyens des solutions
légales qu'elle présente comme la vérité
et le dogme, dans un pays où cent fois
des étrangers ont admiré devant vous l'indépendance des corps judiciaires, et où la
Cour de Cassation a seule, jusqu'à une
réforme radicale, le mandat de fixer le
droit? Le caractère de cette concurrence
illégale à la juridiction définitive s'est
trahi d'autant plus vite, que les *préteurs*
ont de suite formulé des sentences systé-
matiquement contraires aux vues du
pouvoir en toute matière, — et cela, sans
se soucier de la jurisprudence. Jurispru-
dents peut-être coupables, à coup sûr
puérils, que ceux qui dénient à des ministres le droit d'appliquer les lois conformément aux interprétations de la Cour
suprême !

La question des *pseudo-libraires* est un
exemple entre dix de cette singulière façon de faire du droit pratique. Des difficultés du même genre ont été soulevées
sur tous les points imaginables. C'est
ainsi qu'en ce moment les fractions radi-
cales des conseils généraux ont reçu de
l'agence ce mot d'ordre : conclure bru-

yamment de ce que le mandat de certains conseillers généraux expirera le
8 octobre 1877 la nécessité de renouveler
dores et déjà, que dis-je ? d'avoir renou-
velé ce mandat. Théorie qui n'a pas l'ombre du bon sens, ni le texte ni l'esprit de
la loi n'imposant même l'obligation de
remplacer les conseillers généraux au
jour, à l'heure, à la minute où leur mandat prend fin; doctrine hardie, quand elle
émane d'un parti dont le chef a dissous,
dès qu'il a mis la main sur le pouvoir,
tous les conseils généraux de France.
Les Bouches-du-Rhône, toujours en
avant, y ont gagné la formule sérieusement donnée par M. Tardieu, et dont on
ferait un si joli titre de pièce : « *Le conseiller général malgré lui.* »

Devant cette guerre au papier timbré
contre le pouvoir, nos magistrats ont eu
soudain une tâche délicate : interpréter la
législation sur des points que le législa-
teur n'a pas explicitement résolus, les
croyant résolus par l'évidence, — aller au
vrai à travers les subtilités accumulées,—
marquer les limites exactes de la séparation des pouvoirs, selon le grand principe
posé par l'article 13 de la loi du 16 août
1790, sanctionné par l'article 127 du Code
Pénal, qui domine tout notre système de
lois, et que l'abrogation de l'article 75 de
la Constitution de l'an VIII par le décret
du 19 septembre 1870 n'a pas détruit.
Certes, mon cher ami, le juge est homme, soumis aux passions humaines, sujet

à l'erreur. Vous pouvez voir pourtant que la presque unanimité des juges saisis a fermement maintenu la loi, sans se laisser égarer par telle ou telle argutie de détail, ni séduire par le désir d'une popularité de mauvais aloi. Pour quelques jugements infirmés en appel, vous connaissez ces documents judiciaires si nombreux déjà et si fortement motivés : Toulouse (Abribat , Sirven, Simon), Bellac (Rossignol), Caen (Halley) , Villefranche (Vitrac) , Orléans (*Petite République Française*) , Versailles (Ménier), Montpellier (*Bien Public* et *République Française*), Amiens (*XIXᵉ Siècle*), Réthel (*Temps*), que sais-je encore? Saint-Etienne, Epernay, Tarbes, etc., etc.

En pouvait-il être autrement? Un des attentats par exemple dont vengeance a été demandée aux tribunaux est celui-ci : le ministre de l'intérieur a laissé le *Bulletin des Communes* défendre le gouvernement contre les agressions chaque jour plus violentes des coalisés, et a maintenu le devoir pour les maires d'afficher ce *Bulletin*. En dehors du point de droit, qui n'est pas douteux, que pouvaient penser de ces indignations les juges qui relisaient les *Bulletins* de 1848, la prose de Mᵐᵉ Sand placardée quotidiennement dans les communes, le *Bulletin* du 15 avril 1848 qui invitait Paris à jeter dans la Seine les députés de la province si la province ne ratifiait pas les candidatures officielles :

Il n'y aurait alors qu'un moyen de salut pour le peuple qui a fait les barricades, ce se-

rait de manifester une seconde fois sa volonté... La France a confié à Paris une grande mission; Paris est le poste avancé de l'armée qui combat pour l'idée républicaine;Pa-
ris est le rendez-vous, à certaines heures, de
toutes les volontés généreuses, de toutes les
forces morales de la France. Si les influences
sociales pervertissent le jugement ou trahis-
sent le vœu des masses, le peuple de Paris se
croit et se déclare solidaire des intérêts de la
nation.

Citoyens ! il ne faut pas que vous en veniez
à être forcés de violer vous-mêmes le principe de votre souveraineté. .

Et la circulaire de M. Gambetta en
1870 :

En créant un *Bulletin de la République française*, le gouvernement de la Défense nationale à Tours s'est proposé de répandre dans
toutes les communes la connaissance des actes officiels et d'*aider à l'instruction politique
du peuple*. D'ailleurs, pour assurer au *Bulletin
de la République* une publicité plus certaine et
plus efficace encore, j'ai adopté la résolution
suivante : tous les dimanches, obligatoire-
ment, et même plusieurs fois dans le cours
de la semaine, s'il se peut, l'instituteur de
chaque commune devra lire aux habitants
réunis, soit à la mairie, soit dans l'école, les
principaux articles insérés au *Bulletin de la
République*. Les populations devront être pré-
venues du lieu, du jour et de l'heure choisis
pour ces lectures. L'instituteur s'attachera

particulièrement à donner connaissance des
articles de doctrine ou d'histoire dont la ré-
daction a pour objet d'éclairer l'esprit du
peuple, de lui enseigner ses droits politiques
et sociaux, aussi bien que les devoirs qui en
sont le corollaire, et de démontrer cette vérité essentielle que la République seule peut
assurer..., etc.

Et la lettre publiée en 1870, fin décembre, par l'*Avenir du Gers* :

Monsieur l'instituteur, des plaintes arrivent
journellement à M. le préfet touchant votre
indifférence à lire et à expliquer le *Bulletin de
la République* aux habitants de votre commune.

Je vous invite sérieusement à ne pas y
manquer à l'avenir. C'est un devoir patriotique pour vous que de faire comprendre aux
populations rurales (dussiez-vous même pour
cela vous servir de l'idiôme du pays) que la
République est la forme de gouvernement la
plus morale, la plus économique, par conséquent la meilleure, et, en outre, la seule solution possible aux douloureuses difficultés
qui nous environnent.

D'ailleurs, je dois vous prévenir que M. le
préfet est décidé à *révoquer immédiatement* tous
les instituteurs contre lesquels on lui portera
de nouvelles plaintes à ce sujet.

L'inspecteur d'Académie, LACOSTE.

Finalement, que reste-t-il de toute
cette parodie de « résistance légale? » Un

seul inconvénient, mais il est réel : tromperie des ignorants, atteinte grave au respect du pouvoir posé en prévenu dans la
personne de ses préfets que les cabare-
tiers ou les colporteurs actionnent. Triste
résultat pour ceux qui dirigent ce mouvement! De farouches amants de la légalité
sans doute? C'est M. Pascal Duprat, qui
en 1848 demandait l'état de siége et la
dictature (M. Marie disait bien : « une
» question politique domine les consulta-
» tions d'avocats, la loi suprême de l'état
» de siége est le salut du pays! »)C'est M.
Pelletan, qui écrivait : « Cavaignac sus-
» pendit l'exercice de la liberté pour la
» protéger », et : « il convient de mettre
» un terme à ce dévergondage de pensée
» compromettant pour la liberté de la
» presse. » C'est M. Gambetta qui au
pouvoir mit sous ses pieds toutes les lois.
C'est M. Thiers que nous avons vu vivre
de l'état de siége, interdire au *Gaulois*
la vente sur la voie publique, puis
clouer ses presses pour six mois. dicter à M. Lefranc la circulaire du 7 septembre 1872 pour la saisie des écrits hostiles. C'est M. de Girardin, qui crie aux il-
légalités des conservateurs, oubliant que
le 25 juin 1848 la République supprimait
la *Presse* et jetait son rédacteur en chef
M. de Girardin à la Conciergerie. C'est M.
Jules Simon qui, ministre, arrêtait à la
frontière les journaux étrangers désagréa-
bles, voire l'inoffensif *Journal de Bruxelles*,
qui refusait cyniquement à la tribune la

liberté de la presse aux « partis mili-
» tants », qui suspendait les *Droits de
l'Homme* pour se donner le droit de tra-
quer le *Pays*. C'est M. Duportal, un des
363 aussi, qui le 26 mars 1871 signait
ces ukases :

« Au nom de la *Commune de Toulouse*

» Ordre d'arrêter immédiatement le procu-
reur de la République Delcurrou s'il ne lève
pas sur l'heure la saisie qu'il a fait faire du
journal l'*Émancipation*, et ne restitue pas tous
les numéros saisis.

» Ordre d'arrêter sur l'heure le directeur
des postes de Toulouse, s'il apporte le moindre obstacle à la circulation du journal l'*É-
mancipation.*

» Le préfet de la République,

» Armand Duportal. »

Les voilà toutes, les objections des coalisés ! Reste encore la grande division des
conservateurs, et l'argument terrible du
succès assuré aux 450. Mais la réponse à
ceci sortira d'elle-même de l'examen des
diverses hypothèses électorales. Les objections proprement dites, nous les avons
pesées une à une : convenez-en, mon ami,
il y a faux poids.

XVI.

LES DEUX PROGRAMMES

Regardant de près aux hommes, aux documents, aux faits, vous avez vu, mon ami, de quel côté est la coalition hybride, pour quels bénéficiaires éventuels elle opère, quels noms elle est en état d'opposer au nom du Maréchal, sur quelles calomnies et quelles objections vides elle appuye son effort. Mais vous êtes-vous demandé quel est, dans l'hypothèse où elle réussirait, son programme ?

Car enfin les coalisés nous répètent chaque jour qu'ils détiendront, dans la Chambre nouvelle, 363 siéges, que dis-je ? 400, que dis-je ? 450, à en croire les hâbleries que la police correctionnelle dégonflera peut-être. Mais si vous les interrogez sur l'emploi que les 450 feraient de leur victoire, l'unique réponse est ceci : « ils feraient de la république. » L'explication vous paraît-elle assez claire ? De la république avec M. Thiers ? Mais M. Thiers n'eut jamais de programme : il ne voulait qu'exercer le pouvoir. Il fut ministre du commerce, ministre de l'intérieur, ministre des affaires étrangères, président de la République : « est-il » — je laisse parler son champion actuel M. de Girardin, — « est-il UNE SEULE » AMÉLIORATION, UNE SEULE, à laquelle il » ait attaché son nom ? *Est-il un seul abus,*

» *un seul, dont la suppression lui soit due,*
» *une réforme qu'il n'ait pas combattue, une*
» *idée qu'il ait émise, une louable initiative*
» *qui lui appartienne ?* » De la république
avec M. Naquet ? Il a donné son programme : « le provisoire perpétuel. » Avec M.
Ordinaire ? L'article le plus pratique du
programme, ici, est, d'après le tribunal
de Lyon, jugement du 14 juillet 1877 :
« abuser de la situation de député pour
» obtenir certaines révélations politiques
» au profit de jeux de Bourse illicites. »
Avec M. Duportal ? Son programme, à lui,
proscrit avant tout « la république plato-
» nique, les amusettes et les trompe-
» l'œil », et nous ne pouvons prétexter
ignorance de ce qu'il entend par là, puisque le 30 octobre 1870, préfet de M. Gambetta dans la Haute-Garonne, il a dit aux
Toulousains :

« Fiez-vous à moi. Si la guerre civile de-
vient nécessaire, je serai votre capitaine pour
la guerre civile ; mais l'heure des vengeances
n'est pas encore venue : alors je saurai frapper partout, croyez-le. »

Où est, parmi tous ces programmes, le
vrai, celui du lendemain ? On nous a
parlé à Lille d'un grand parti « uni dans
» toutes ses nuances, ne distinguant plus,
» *ne cherchant plus les programmes* ». Je
le crois bien : à chacun des 363 — j'use
du mot par pure forme de langage, car il
en est mort, et il en est tombé à l'eau, des

363 !—il faut voiler le programme de son voisin, pour les retenir tous dans la chaîne. On ne dira donc aux électeurs ni selon quelles doctrines la coalition, si elle réussissait, administrerait la République, ni comment elle réviserait en 1880. On ne le dira pas ; mais nous avons intérêt à le savoir. Et nous le savons. Vingt fois depuis Grenoble et Chambéry en 1872, le porte-parole des Gauches a déclaré que la « république sans républicains », gouvernée par les « réactionnaires » et les républicains d'occasion, était incapable de donner aux « nouvelles couches sociales» la « vraie république ». Il s'agit donc aujourd'hui de ceci: avec M. Thiers comme instrument, réaliser la vraie république à l'heure que l'opportunisme jugera opportune.

Voilà un pas de fait. Avançons encore, tâchons d'arriver à quelque chose de plus précis. En quoi consisterait cette vraie république ?

Je vous ai déjà remis sous les yeux, dans l'une de ces *Lettres*, le texte du programme de Belleville, qui « tient toujours », M. Gambetta l'a dit, et que M. de Girardin trouve d'ailleurs excellent. La logique nous crée le droit strict d'annexer à ce programme les traductions qu'en donne l'*Association Internationale des travailleurs*, le plus robuste appoint électoral des coalisés. Traduction du citoyen Colonna :

Tu ne reçois pas la valeur réelle de ce que tu produis pour la société, étant exploité précisément par ces parasites qui accumulent à tes dépens, deviennent des capitalistes, tandis que toi, tu continues toujours à travailler pour des intrigants, qui deviennent à leur tour des capitalistes eux-mêmes ; continue donc de voter toujours, tu auras toujours la même société, tu resteras, toi, avec des mains calleuses, et ceux que tu engraisses avec des mains parfumées; toi, sans avoir aucun loisir, puisque tes exploiteurs les ont tous; toi, sans instruction, puisqu'il te faut travailler pour manger et engraisser ceux que tu nommes aux hautes fonctions et qui te regardent travailler, tandis qu'eux ont tous les moyens de s'emparer de l'instruction et d'accaparer ce qui constitue les besoins de la vie.

Traduction du citoyen Dumaistrey, qui fait ses réserves sur la clause de l'abolition des armées permanentes, insuffisante à ses yeux :

Abolition des armées permanentes. Voilà de quoi faire trembler l'ordre bourgeois; comme si on pouvait être pouvoir sans avoir la force pour se faire obéir. Ils peuvent très bien faire. comme les pays où il n'y en pas; cela n'empêche pas de fusiller au Gothard, et ils cassent très bien une tête d'ouvrier en Amérique sans armée permanente; quand il n'y a pas de soldats, il y a des gendarmes, c'est toujours la même chose.

Traduction du citoyen Perrore, qui demande comme *modus agendi* :

La propagande vraiment révolutionnaire, celle qui dit : *Plus de propriété, individuelle*, plus d'abrutissement par les religions, plus de gens vivant du produit des autres; la propagande qui ne dit plus : vivre en travaillant ou mourir en combattant, mais qui dit : *celui qui ne travaille pas manuellement ne mange pas*; la propagande qui crie menteur à ceux qui prétendent que le travail de la pensée doit être un travail nourricier; la propaganle qui crie menteur à ceux qui disent *que le capital est un travail économisé*, la propagande qui crie menteur à ceux qui disent que *l'autorité est une nécessité sociale*.

Qu'aucun des coalisés ne se récrie. Chacun d'eux va profiter — loin de les répudier — des votes émis sous réserves de ces interprétations du programme de Belleville. D'ailleurs le *Mot d'Ordre*, qui est de la coalition, dont les rédacteurs s'asseoient à côté de ceux des *Débats* dans le comité de comptabilité électorale, nous offrait naguère le rapport d'une commission nommée pour rechercher les moyens de combattre le paupérisme, ledit rapport concluant à l'établissement de « la propriété foncière collective »; et le *Mot d'Ordre* disait hier :

Travailleurs, prolétaires, va-nu-pieds, vous qu'on appelle la « vile multitude » et la « canaille », vous qui suez d'ahan des douze et quinze heures par jour pour augmenter le menu des convives du banquet de la vie, au prix de quelques misérables reliefs à peine suffisants pour subvenir à vos besoins et à ceux des vôtres, souvenez-vous que vous êtes *le nombre, c'est-à-dire la force*, que vous êtes la misère, c'est-à-dire le droit.

N'allons pas même si loin, mon ami. Le programme que nous demandons, le voici, formulé dans une réunion récente à Paris, et publié le 29 juillet par le *Mirabeau*, organe de l'*Association Internationale* :

1° L'application de l'article 12 de la loi constitutionnelle du 16 juillet 1875, article qui confère à la Chambre des députés le droit de mettre en accusation le Président de la République et ses ministres.

2° L'amnistie pleine, entière et immédiate, pour toutes les condamnations prononcées à propos des évènements politiques qui se sont produits depuis le 4 septembre 1870, sur le territoire français, *avec des moyens d'existence assurés, tout d'abord, aux amnistiés à leur rentrée en France.*

3° La séparation de l'Eglise et de l'Etat, de plus, toute mesure ayant pour but de diminuer l'influence des Eglises, notamment la suppression du budget des cultes, l'expulsion des Jésuites, l'application à tous les prêtres des mêmes lois qu'aux autres citoyens.

4° L'instruction laïque, gratuite et obligatoire organisée de telle sorte que chaque enfant reçoive une instruction intégrale et professionnelle.

5· La suppression de toute loi restreignant la liberté individuelle, la liberté de la presse, la liberté de l'enseignement, la liberté de réunion et d'association, la liberté du travail.

6· La refonte des lois qui régissent la famille, *le remaniement de nos lois de propriété en vue de ramener la propriété individuelle à sa seule source légitime, le travail.*

7· La gratuité de la justice, non plus fictive, mais véritable ; la reconnaissance pour chaque citoyen du droit de participer aux arrêts de la justice, c'est-à-dire l'établissement du jury *pour toutes les affaires.*

8· L'abolition des armées permanentes, remplacées par l'armement général et permanent de la nation.

Jusque-là, l'égalité dans la loi militaire et le service actif, pendant la même durée, pour tous les Français sans exception et la suppression du volontariat.

9· L'organisation du crédit et de l'assurance, la mise du capital agricole ou industriel et de l'instrument de travail à la disposition de celui qui l'emploie directement, afin que le produit tout entier soit à celui qui lui donne directement naissance.

10· L'abolition de tous les monopoles, ministériels, industriels et financiers.

11· Le droit pour toutes les communes de

gérer librement leurs intérêts, sans interven-
vention d'aucune sorte ; la nomination des
maires et des autres agents communaux
laissée aux conseils communaux.

12° La déclaration que toute fonction publique n'est qu'une délégation faite par l'ensemble des citoyens à plusieurs ou à un seul,
et par conséquent l'application du principe
électif à toutes les fonctions publiques ; l'a-
bolition de toute fonction dont le maintien
n'est pas indispensable.

13° La responsabilité et la révocabilité
constante de tout fonctionnaire; la révision
de tous les traitements de façon qu'aucun ne
soit excessif ou insuffisant; la rétribution de
toutes les fonctions.

14° Dans le cas de la révision de la Constitution, la suppression du Sénat, un Sénat ne
pouvant être qu'inutile ou nuisible à la République.

15° La suppression de la Présidence, conformément à l'amendement Grévy.

16° L'établissement d'une Chambre unique
permanente, ayant pour fonction de gérer
les affaires du pays, de préparer les lois et
de les faire exécuter lorsqu'elles auront été
votées par le peuple; le classement exprès
de l'acte de déclaration de guerre au nombre
des lois.

17° Le retour de la Chambre à Paris.

Ce programme, c'est celui même de
M. Gambetta à Belleville, actualisé, mis

au point. Le *credo* radical y ajoute : en
matière sociale, l'impôt de 50 ou 60 0[0
sur les successions;—en matière pénale,
l'abolition de la peine de mort, sauf les
excuses légales pour les tribunaux révolutionnaires au cas de Commune; — en
matière judiciaire, la suppression de l'i-
namovibilité, promise par le plus modéré des organes de la coalition, le *XIX*e
siècle; —en matière militaire, la résurrec-
tion des gardes nationales, engin merveilleux pour encadrer et armer,sous prétexte de l'ordre à défendre, les fusilleurs
de préfets à Saint-Etienne, de passants à
Marseille, d'otages à Paris;—en matière
financière, le nivellement des fortunes,le
renversement des impôts indirects, les
contributions empiriques sur le revenu
avec M. Gambetta et sur le capital avec
M. Ménier;—en matière économique,l'ex-
propriation progressive des compagnies
de chemins de fer et en général de tous
les priviléges d'utilité publique. La démission ou la mise en accusation du Maréchal, le procès des ministres, les razzias
de fonctionnaires, la déchéance ou la refonte du Sénat, sont les *préalables* indi-
qués pour entrer dans l'ère nouvelle,—où
régnerait, en fait de liberté, la basse ty-
rannie d'une presse fangeuse, dont la province voit déjà les excès, et qui ramène-
rait la vie sociale aux vengeances ou aux
justices privées, dans l'inertie de l'action
publique.

Le programme des coalisés, — dont la

réalisation nous ferait cet avenir, — nul
ne peut dire, mon ami, que je le force :
car je n'y inscris pas un mot que je n'emprunte aux « cahiers » des mandats impératifs et aux documents authentiques
les plus connus.

Et le nôtre, quel est-il ?

Trois ans de calme, de répit, de trêve,
préparation des longues sécurités dans la
solution définitive que voudra le pays.
L'accord restitué entre les pouvoirs publics. La paix extérieure maintenue par
un soldat que tous les gouvernements de
l'Europe respectent, et qui a fait assez
vaillamment la guerre pendant quarante-
cinq ans pour en connaître les douleurs,
pour avoir le droit de l'éviter à sa patrie.
L'ordre, au dedans, assuré quand même.
La réorganisation de l'armée menée à
terme. La liberté des cultes et l'indépendance de la société civile sauvegardées.
L'impulsion rendue au travail et aux affaires par cela seul, l'ordre raffermi. Les
aventures financières écartées. L'œuvre
des grands progrès publics reprise : la
France de 1848 avait 1,832 kilomètres de
voies ferrées en exploitation; la France,
après l'Empire, a un réseau de 29,000
kilomètres, ce qui signifie pour le peuple
l'émancipation matérielle, l'accroisse-
ment des salaires, la consommation rap-
prochée de la production, la mise en valeur du territoire, la délivrance des di-
settes; et qu'a fait en ce sens la Chambre
à majorité démocratique de 1876 ? Des

discussions sans aboutissement, et des faillites de compagnies.

Voilà *les deux programmes*, mon ami. Celui des coalisés, au moins sommes-nous sûrs qu'avec le Maréchal, nous ne l'aurons pas. Car il a dit :

« Ce programme est bien connu ; ceux qui le professent sont d'accord sur tout ce qu'il contient ; ils ne diffèrent entre eux que sur les moyens appropriés et le temps opportun pour l'appliquer. Ni ma conscience, ni mon patriotisme ne me permettent de m'associer même de loin, et pour l'avenir, au triomphe de ces idées. Je ne les crois opportunes, ni pour aujourd'hui ni pour demain, ni à quelque époque qu'elles dussent prévaloir. Elles n'engendreraient que le désordre et l'abaissement de la France. Je ne veux ni en tenter l'application moi-même, ni en faciliter l'essai à mes successeurs ; tant que je serai dépositaire du pouvoir, j'en ferai usage dans toute l'étendue de ses limites légales, pour m'opposer à ce que je regarde comme la perte de mon pays ; mais je suis convaincu que le pays pense comme moi. »

Ne l'êtes-vous pas de même, mon ami?

XVII.

LES HYPOTHÈSES DU SCRUTIN. CONCLUSION.

Rendez-moi, ami, ce témoignage : de
M. Thiers vivant et combattant je vous
parlai avec une modération inconnue à
ses amis de la dixième heure, et nous n'a-
vons rien à regretter de ce qui le touchait
dans ces *Lettres*. Mort, on l'attaque encore, et non point seulement dans le camp
de ceux contre qui il menait la lutte, mais,
chose curieuse, çà et là, dans tous les
camps. Un républicain positiviste très dis-
tingué me disait hier : « A nos yeux, sa
» disparition est une délivrance. » Que
voulez-vous ? nous sommes en guerre, et
le régime qu'il loua de « nous diviser le
moins » fait nos divisions plus aiguës.
Tenez compte d'ailleurs du peu de ména-
gements qu'il eut pour les autres partis, et
de l'effet produit par les tristes calculs qui
ont répondu en confisquant sa mémoire à
la généreuse attitude des conservateurs
et du gouvernement. Mais qu'importent
ces misères ? Vous qui aimez la grande patrie, et la petite, vous ne voyez plus, j'en
suis sûr, que les dons merveilleux de ce
français, de ce provençal. Le politique ne
laisse rien : l'orateur, et l'historien qu'un
prince à l'âme haute appela « national »,
laissent une œuvre. C'est un esprit élu qui
s'éteint, une vive lumière qui entre dans

l'éternelle nuit.Admirons, cela repose des haines.

Mais avions-nous donc tort d'indiquer au pays l'inanité de desseins qui s'ap-puyaient sur cette vie arrivée au terme ? Pas plus que nous ne nous trompons au-jourd'hui en disant : avec M. Thiers les coalisés perdent leur pivot, leur lien, d'i-népuisables ressources, le chef qui leur donnait quelque figure. Nous avons en-semble, mon ami, fait le tour de la ques-tion électorale, il ne nous reste qu'à conclure : la mort de M. Thiers, sans par-ler de la condamnation de M. Gambetta, nous autorise à le faire, sinon avec la cer-titude que les charlatans seuls disent te-nir en ce pays de surprises,du moins avec toutes les vraisemblances d'un calcul de probabilités morales. A combien d'hypo-thèses peuvent se ramener les éventuali-tés du scrutin ? A quatre. Je les énumère, avec les conséquences principales de cha-cune.

Première hypothèse : les coalisés arri-vent à la Chambre de 363 à 400, comme le vaticina le grand politique.—C'est l'in-connu, le craquement de tous les intérêts, la déchéance et la mise en accusation du Maréchal,l'expérience des radicaux tentée à l'aise puisque M. Thiers n'est plus là pour enrayer en les trompant, les invali-dations systématiques, le vote du budget refusé, le clergé traqué, la magistrature dépouillée de l'inamovibilité, les conser-vateurs partout traités en vaincus, l'impôt

progressif, les grandes compagnies de
chemins de fer livrées à des projets désas-
treux, l'amnistie, l'armée sacrifiée, les ad-
ministrations bouleversées et envahies, la
Terreur morale par l'impunité de la presse
boueuse...Ou plutôt,—car le Maréchal ne.
serait pas si sot que de jouer à ce jeu nos
têtes et la sienne, —c'est la force entrant
en scène, l'état de siége, le Sénat et le
pouvoir exécutif en lutte ouverte avec la
Chambre exaspérée, mais battue d'a-
vance, la dissolution de nouveau à bref
délai, la victoire quand même de l'ordre,
ou sa défaite par une révolution, et alors
un tohu-bohu tel que la République y som-
brerait avant trois mois dans une réaction
irrésistible.

Deuxième hypothèse : les 363 ressusci-
tent, diminués de quelques voix seulement.—Leur première prétention est d'imposer au Maréchal un cabinet ayant pour
programme, d'après le *Bien public* :

.1° L'élimination absolue de la camarilla;
2° la signature immédiate d'un mouvement
administratif préparé à l'avance, et comprenant toutes les préfectures et sous-préfectu-
res; 3° la signature immédiate d'un mouvement judiciaire comprenant les parquets des
procureurs généraux et un grand nombre de
parquets de première instance; 4° la liberté
absolue pour chaque ministre de faire dans
son département, et sous sa seule responsabilité, tous les changements, révocations et
nominations qu'il jugera convenables; 5° le

remplacement de trois généraux que tout le
monde connaît; 6° l'approbation d'un programme législatif complet, comprenant en
première ligne et d'urgence une loi sur la
presse, une loi sur le colportage et une loi
sur l'élection des maires dans les chefs-lieux
de canton; 7° une circulaire aux procureurs
généraux, les invitant à appliquer rigoureu-
sement les lois qui répriment les abus du
clergé et les empiétements sur le domaine
de la politique, et celles qui proscrivent l'ordre des Jésuites.

Que le Maréchal subisse ou non ces
conditions, c'est le conflit antérieur au
16 mai qui renaît, tout étant empiré et
aigri, le malaise général, la crise chroni-
que. Qu'en sortirait-il? Bien fins ceux
qui le prévoient. L'ordre, la liberté légale,
les intérêts en pâtiraient, voilà ce qui ne
fait doute pour aucune cervelle sensée.
Troisième hypothèse : les conservateurs gagnent 40 ou 50 siéges.—Les prophéties de M. Gambetta sont démontrées
hâbleries ; l'opinion s'ébranle devant la
coalition démantelée , décroissante en
force, appauvrie en autorité ; les conservateurs ranimés reconquièrent pied à pied
du terrain; le centre gauche , bien enclin
déjà à aller au Maréchal plutôt qu'à l'autre, constitue rapidement la majorité
gouvernementale , que le Sénat soutient.
Quatrième hypothèse : les conservateurs enlèvent de 80 à 100 siéges.—L'ac-

cord est rétabli entre les trois pouvoirs ; les modérés et les capables restent aux affaires ; l'entente des partis conservateurs est facilitée par une bataille commune et un triomphe commun pour l'élection sénatoriale de 1879 et l'échéance de 1880. Les suites de cela sont trop évidentes : la confiance recouvrée, l'élan du travail, la solution des questions pratiques urgentes, le dégrévement des impôts excessifs, la sécurité, la paix.

Voilà bien le rapide aperçu des quatre hypothèses du scrutin. Mais, demandez-vous, laquelle faut-il considérer comme la moins improbable ?

Je réponds sans hésiter : l'une des deux dernières, et plutôt la dernière. Ne criez pas à l'optimisme : je n'entends point, comme les radicaux, affirmer sans preuves.

D'abord, admettre qu'en l'état des choses, les conservateurs étant encadrés par l'administration et conduits par le gouvernement, leurs divisions étant réduites au *minimum*, M. Thiers mort, M. Gambetta ramené aux proportions d'un prévenu correctionnel, les élections fourniront des résultats pires que ceux de 1876, c'est purement une niaiserie. Mais j'en dirai presque autant de cette opinion, que les 363 reviendront ayant perdu un très-petit nombre de colléges. Qu'ont fait les événements de ce chiffre même, 363 ? Beaucoup ont renoncé à la lutte, M. Codet, M. Rouveure, M. Lunel, M. Morel, M. du

Biest, M. Barni ; M. Ordinaire et M.
Montpayroux sont tombés à l'eau ; la mort
a éliminé dans l'Allier M. Adrian, dans les
Alpes-Maritimes M. Lefèvre, dans l'Ariège
M. Vignes, dans le Cher M. Duvergier
de Hauranne, dans le Pas-de-Calais
M. Brasme, dans la Seine M. Thiers ; et
rien ne démontre qu'il soit facile aux
coalisés de remplacer des popularités per-
sonnelles. Depuis le 16 mai, les élections
de conseillers généraux ont donné l'a-
vantage aux conservateurs; des adhérents
même de la coalition y ont succombé.
Croit-on enfin que M. Thiers parti, les
tenants du *Radical*, du *Mot d'Ordre*, de la
Marseillaise, vont laisser partout le champ
libre à ce qui reste des 363 effrités ?

Oh ! je connais les *mais*. — Les conservateurs n'ont pas réussi avec M. Buffet.
Comme si M. de Fourtou était M. Buffet !
— Les conservateurs sont apathiques, et
préfèrent à la lutte les bains de mer, la
chasse , leurs plaisirs , leur train-train.
Parbleu ! il en est ainsi en tous pays, les
honnêtes gens sont moins aptes que les
autres au coup de poing, ils ne sont pas
tous nés pour passer leur vie à politiquer.
Mais rassurez-vous, ils sont excédés; à la
date du scrutin, les villégiatures seront
finies, et d'ailleurs le paysannat ne va
point en déplacement. Les conservateurs
ne se laisseront pas convaincre aussi aisément de lâcheté et de bêtise qu'il est com-
mode à leurs ennemis de le crier sur les
toits. Combien de neutres comme vous,

mon ami,qui ont juré d'envoyer au diable
leur neutralité !—Les coalisés ont de l'argent. Peuh ! les 100,000 fr.de M. Ménier
et les 50,000 de M. du Bochet passent et
repassent depuis bien longtemps devant
la galerie.Beaucoup de *humbug* dans tout
cela : rappelez-vous le million de Mul-
house. — Les conservateurs n'ont pas réalisé l'union, parfaite, universelle, non :
suffisante , oui. Le nombre des cir-
conscriptions où l'arbitrage du gouvernement n'aura pu empêcher les conservateurs d'avoir deux candidatures est infi-
niment minime, et il reste le second tour.
Croyez-vous donc qu'il n'y aura nulle part
des compétitions républicaines ? Eh ! oui,
je le sais, il reste des acrimonieux, des
dissolvants, un *Courrier de la Gironde* que
désavouent même les orléanistes de Bordeaux, une *Décentralisation* qui trouve
l'heure opportune d'injurier tel ou tel
groupe. Très peu importe. La polémique
de quelques journaux n'est rien. L'union
est faite localement; elle se fera toujours
plus étroite entre braves gens de toutes les nuances, et à l'approche du jour
décisif, tout le monde sentira qu'il n'y a
qu'un bon candidat contre les radicaux,le
candidat qu'on fait élire.

On n'aura plus ni le temps ni l'envie de
se quereller , quand on verra l'action
gouvernementale définitivement engagée
contre l'ennemi commun. Les conditions
de la campagne à mener sont trop évidentes.
Plus de médiocres,ni d'indécis, ni de faux

habiles qui se réservent. Que chacun de nous
oppose à la propagande infatigable des radicaux la propagande conservatrice par le
livre, le journal, le *tract*. Que les prefets,
dominant le détail, s'en prenant non aux
petits, mais aux gros adversaires, forment
leurs comités de jeunesse et d'action. Que
les candidats, après s'être rapprochés sur
le manifeste du Maréchal comme autour
d'un programme *minimum*, amènent au
grand courant les sympathies, l'influence,
que leur foi politique particulière leur
vaut dans chaque région. Que les fonctionnaires se pénétrent de cette idée : le Maréchal restera, et avec lui, sous sa protec-
tion loyale, ceux qui l'auront défendu. —
Et nous ressaisirons, non pas 30 ou 40
siéges, mais 80, mais 100.

A ceux qui en doutent, répondez non par
des phrases, mais par ce simple calcul de
moyennes. Je prends, parce qu'ils nous sont
mieux connus, à nous Provençaux, deux
pays rouges où tous les députés de 1876
étaient radicaux: Basses-Alpes, Bouches-
du-Rhône. Je fais descendre aussi bas
qu'on le voudra les supputations des
conservateurs. A moins de nier la lumière
à midi, peut-on douter qu'avec le concours
gouvernemental, les appoints administratifs, l'union conservatrice, les candidats
conservateurs ne regagnent les écarts de
1876 : à Arles, la différence de 9,218
à 9,764 voix ; à Forcalquier, la différence
de 4,349 à 4,356 voix ; à Castellane, la
différence de 2,039 à 2,169 voix ? Or, vous

avez là des *minima* extrêmes, sur les points
les plus *phylloxérés*, et vous arrivez à 1, 2
résultats par département. Appliquez ce
calcul aux 86 départements ; faites la part
des conquêtes moins certaines, dues à l'é-
nergie du porte-drapeau, ou au revirement
des esprits, ou au flair des intérêts qui
n'est pas aboli dans les régions rurales ;
tenez compte des départements qui ap-
porteront 3, 4 députés nouveaux. Et con-
cluez à la moyenne de 1, 1 1[2, par département. Mon ami, croyez-le, M. Thiers
est mort à temps, pour ne pas assister à
la défaite.

TABLE